글·그림 시몬 프라스카

어린이 책을 사랑하는 작가이자 일러스트레이터입니다. 이탈리아에 있는 많은 출판사에서 좋은 책들을 출간했습니다. 어렵지만 중요한 내용을 독자 대상에 맞추어 쉽게 전달해 주는 장점이 강한 작가입니다. 지금도 애니메이션을 기획하고 어린이들을 위한 좋은 책을 쓰고 있습니다.

글 사라 마르코니

광고 분야에서 일한 작가는 5년 동안 예술과 연극 분야에서 감독을 맡았습니다. 현재는 작가이자 번역가, 편집자로서 어린이 책을 편집하고 있고 이달의 어린이 문학 책을 선정하는 일을 책임지고 있습니다.

옮김 정희경

연세대학교를 졸업하고 출판 기획자로 일했으며, 지금은 품위 있고 당당한 책을 만들기 위해 노력하고 있습니다.
옮긴 책 : 《Mind Melt 익스트림 아트 미로 찾기》, 〈인포그래픽스〉 시리즈, 〈과학은 아름답다〉 시리즈, 《나의 눈이 너의 눈이야》 등

For the coolest Fantastic Creatures of all:
Giulio and Teresa

Original Title: MOSTRI LEGGENDARI E CREATURE MITOLOGICHE
Copyright © 2019 by Giunti Editore S.p.A., Firenze-Milano
www.giunti.it

Texts by Simone Frasca and Sara Marconi
Illustrations by Simone Frasca

Thanks to Fabio Lai and Claudia Checcaglini for the coloring of characters
Graphic design and layout by Raffaele Anello
Editing by Emanuela Busà
Photo credits:
Shutterstock ©: pages 29, 40-41, 45a, 52abc, 58c, 62, 70b, 75a, 75b, 97c, 100, 101, 104bs, 108b, 109b, 122a, 122bs, 134ab, 142as, 142b, 146, 151a;
Wikimedia Commons: pages 14, 16-17, 32ab, 36, 37, 45b, 48cb, 63ab, 66b, 71, 74b, 79, 84, 85b, 88, 93, 96, 97ab, 104, 105, 108a, 109a, 112, 118, 119, 126b, 127, 138, 139, 142ad, 143, 147, 151b

Where not specifically indicated, images belong to the Giunti archive.

All rights reserved.
No part of this book may be reproduced, transmitted, or stored in an information retrieval system in any form or by any means, graphic, electronic, or mechanical, including photocopying, taping, and recording, without prior written permission from the publisher.
KOREAN language edition © 2020 by Bomnamu Publishing, An imprint of Hans media
KOREAN translation rights arranged with Giunti Editore S.p.A. through Pop Agency, Korea.

- 이 책의 한국어판 저작권은 팝 에이전시(POP AGENCY)를 통한 저작권사와의 독점 계약으로 봄나무가 소유합니다.
- 신 저작권법에 의하여 한국 내에서 보호를 받는 저작물이므로 무단 전재와 무단 복제를 금합니다.

너희는 누구인데 이렇게 귀하고 비밀스러운 책을 갖고 있니?

나는 누구냐고? 나로 말할 것 같으면 아주 오랜 옛날부터 지금까지 살아 있는 모든 '마법사'보다 훨씬 더 뛰어난 '대마법사'란다. 그런데 왜 너희가 누구인지는 알아맞히지 못하냐고?

그건 나도 궁금하구나, 하하하!

그렇지만 한 가지 분명한 사실은 알고 있단다. 이제부터 너희가 단 한 번도 만나 본 적 없는 신비한 세계를 곧 모험하리라는 사실을 말이지. 바로 '환상 동물의 세계'로 말이야!

환상 동물들은 전 세계 어딘가에서 제마다 다른 생존 방식으로 살아가고 있어. 이건 매우 기본적인 사실이니까 똑똑한 너희도 잘 알고 있으리라 믿어. 살아 있는 것들은 깊은 동굴, 끝이 보이지 않는 사막, 나무들이 빽빽한 정글, 꽝꽝 얼어붙은 빙산, 활활 타오르는 화산, 아주 깊은 호수 밑바닥, 심지어 험한 산의 꼭대기에서도 살아가. 자신이 살아갈 곳을 기막히게 잘 찾아내는 건 생명체들에게 있는 놀라운 능력이야. 몇몇은 사람들이 사는 집에서 살아가기도 하고 빛이라고는 하나 없는 아주 깊은 바다에서 살아가기도 해.

생명들은 자신만의 집을 다 좋아하지는 않아. 너희도 조금 더 크면 지금 살고 있는 집이 가끔 마음에 들지 않는다는 사실을 알게 될 거야.

이 세상에는 환상이나 기적을 믿지 않고 호기심조차 없는 사람들이 있어. 그들은 자신과 다르거나 이상하거나 설명할 수 없는 복잡한 것을 아주 싫어하지. 나는 그런 사람들이야말로 위험하다고 생각해. 그들은 세계 곳곳에 살고 있는 환상 동물들을 위협하기도 하고 말이야. 그래서 '수호자'가 만들어졌단다. 수호자들은 환상 동물들을 찾아서 안전한지 확인해야 해. 혹여나 환상 동물들을 괴롭히는 누군가가 있지 않은지도 살펴야 하지. 이는 정말 뜻깊은 일이지만 고된 일이야. 《세계 환상 동물 도감》은 바로 이런 이유에서 쓰였어.

나는 내 소중한 제자들이 수호자가 되었을 때 《세계 환상 동물 도감》을 주었어. 그 책이 바로 지금 너희 손에 들어간 것이란다. 잘 살펴보고 유용하게 활용하길 바라. 그렇지 않으면 내가 사랑하고 아끼는 환상 동물들을 만나지 못할지도 모르니까!

대마법사 **키르케**

나의 여섯 제자에게

오랜 시간 동안 이어진 고된 훈련을 잘 견뎠구나. 수많은 어려움을 헤쳐 나가는 동안 무척 힘들었을 텐데 너희가 모든 과정을 완벽하게 마쳐서 정말 기쁘게 생각한단다. 모두 그동안 인내하면서 능력을 갈고닦은 덕분에 멋지게 성장했어. 오늘에야말로 너희에게 수호자의 임무를 맡길 때가 온 것 같구나.

스승이자 최고의 대마법사로서 모든 명예를 걸고 너희 여섯 명을 이 세상에 사는 모든 환상 동물들의 수호자로 임명하마!

위대한 신들의 후손인 너희가 에오스섬에 있는 마법 학교에 들어왔을 때가 떠오르는구나. 신에게 사랑을 받는 아이들이라 해도 이렇게 빨리 성장할 수 있으리라고는 생각하지 못했어.

너희 모두 나에게 소중한 제자들이지만 한 명, 한 명에게 당부하고 싶은 말이 있단다.

아레스

너만큼 강한 아이는 없었던 것 같구나. 다만 그 강한 힘을 자유롭게 다루는 능력이 부족했던 기억이 있어. 특히 배고플 때는 아주 엉망이더구나! 배고픔에 지지 말아야 한다!

메두사

네 머리카락은 사나운 상태 그대로 놔두는 게니? 너무 제멋대로였어. 머리카락의 힘을 더 자유롭게 다룰 수 있었으면 좋았을 텐데……. 가끔 어디로 튈지 가늠할 수 없는 네 행동도 아쉬웠단다. 마음을 조금 가라앉혀 보면 어떠니?

무엇이 널 그렇게 두렵게 하는 거니?
무시무시한 괴물들조차 오히려 널 좋아하는데도 말이야.
거미줄을 짜는 네 능력조차도 무서워하다니.
누구에게도 없는 네 특별한 능력을 너부터 사랑해야 해.

아라크네

하데스

너는 현실과 환상을 잘 구별하지 못했지.
위험한 환상 동물을 만났을 때도 현실을 구별하지 못해 위험해진 적이 있다며?
언제나 정신을 바짝 차리고 있어야 해.

아테나

똑똑하지만 현실적인 생각이 부족해서 많이 아쉽구나.
또 네 지혜만 믿고 너무 으스대지 않으면 다른 친구들과 어울리는 데 도움이 될 거란다.

디오니소스

넌 정말 최고였어. 네 걱정은 조금도 없단다.
나이는 어리지만 아주 지혜롭고 엄청난 능력이 있는 영특한 녀석이니 말이야.

특별한 너희는 언제나 날 놀라게 한단다. 기대보다 훨씬 더 빨리 익힌 능력을 자유롭게 다루다니 정말 자랑스러워. 너희가 함께 힘을 합치면 한없이 강해진다는 사실도 잊지 마라.
언제 어디에서든 맡은 일을 함께하면 더 효과적으로 해낼 수 있다는 사실도 잘 알고 있으리라 믿는다.
서로를 어떻게 도와야 하는지 그 방법도 이미 잘 익힌 듯하구나. 이제 맡긴 일을 충분히 해낼 자격을 갖추었다고 볼 수 있지.
수백 년에 걸쳐 전해 내려온 책 《세계 환상 동물 도감》을 지닐 자격 또한 충분하다고 생각해. 이 책은 아무에게나 알려 주지 않는 비밀 정보를 담고 있단다. 누구에게도 없는 보물처럼 소중히 다뤄야 한다는 사실을 꼭 기억해 주렴.
참, 위대한 대마법사인 내 이름에 걸맞게 직접 자세히 살펴보고 찾은 내용들을 이 책에 보태어 적어 넣었어.
너희도 앞으로 만나 볼 환상 동물들의 이야기를 정성껏 적어 보렴. 내가 특별히 허락할 테니 말이야.

아차, 전해 줄 이야기가 하나 더 있어. 앞으로 더 많은 사실을 밝혀낼 수 있도록 너희에게 '멀린의 메달'을 빌려 주려고 한단다. 멀린의 메달은 모든 생명체의 과거를 볼 수 있게 해 주는 보물이야.
이 메달만 있으면 아마 멋진 모험이 가득한 환상 동물들의 아득하고 오랜 역사를 손쉽게 알아낼 수 있지.
멀린의 메달은 생명체들의 사연 있는 과거를 생생한 영상처럼 볼 수 있게 도와줄 거야. 눈앞에 펼쳐지는 과거들을 본다면, 환상 동물을 100퍼센트 이해할 수 있을 거야. 그들이 왜 그런 생김새를 하고 있는지 알 수 있고 왜 그렇게 행동하는지 이해하겠지. 환상 동물들의 구구절절한 사연을 듣는다면 그들에게 있는 감정까지 느낄 수 있을 거야. 어쩌면 환상 동물들의 매력에 푹 빠져서 그들을 아끼는 마음이 넘쳐흐를 수도 있을걸?
너희에게 한 가지 사실을 더 알려 주마. 인간을 꽤 탐탁지 않게 여기는 환상 동물들도 많다는 사실이란다.
고분고분하게 맞이해 주기는커녕 생명을 위협할지도 몰라. 그래서 너희에게 이 이야기를 특별히 해 주는 거야.
이 이야기를 새기고 나의 오랜 친구인 아르고호와 함께 어디든 모험을 떠나 보렴.
너희도 알고 있겠지만, 아르고호는 시끄러운 수다쟁이야. 말이 너무 많아서 귀찮을지도 모르지만 최고의 여행 동반자는 틀림없단다. 온 마음을 다해 모험을 떠나는 너희의 행운을 기원하마.
사랑한다, 나의 자랑스러운 영웅들!

키르케

난, 우리가 '환상 동물들의 수호자'라고 했던 키르케 스승님의 말씀을 잊지 않겠어. 기필코 더욱 강력한 수호자가 될 테니 앞으로 기대해 줄래?

아라크네

얘들아! 너희도 봐서 알겠지만, 수호자로서 내가 제일 먼저 뽑혔어! 꺄악, 소름!

아테나

아레스, 사진에 나 완전 잘 나온 거 보여? 내가 너보다 키가 크다는 건 알지?

메두사

멀린의 메달은 디오니소스의 손에 들어갔군. 뭐 당연한 일이지만……. 보아하니 녀석은 멀린의 메달을 본 적이 있는 듯했어. 디오니소스는 글을 쓸 줄 모르니까 여기 풀잎을 쓰라고 해야겠다. 마음만 먹으면 온갖 식물들을 쑥쑥 키워내는 꼬맹이에게 풀잎에 서명하기는 더 쉽겠지 뭐.

하데스

환상 동물들의 수호자가 된다니 정말 환상적이야! 이봐, 메두사, 너 까치발 들었잖아. 여하튼 못 말려!

아레스

13

모험을 떠나는 수호자

이름 : 아테나.
국적 : 미국.
특징 : 상상력이 뛰어난 책벌레예요.
능력 : 상상 속에 생명을 불어넣기.
약점 : 현실적인 생각이 부족해요.
활약 포인트 : 용·세이렌·히포그리프처럼 문학에 자주 나타나는 몬스터와 잘 맞아요.

이름 : 아레스.
국적 : 이탈리아.
특징 : 먹는 것을 좋아하는, 수호자들의 리더예요.
능력 : 누구도 견줄 수 없는 아주 강한 힘.
약점 : 지나치게 충동적이에요.
활약 포인트 : 아쿨트·미노타우로스·퀴퀸처럼 폭력적인 몬스터와 잘 맞아요.

이름 : 메두사.
국적 : 브라질.
특징 : 움직일 수 있는 머리카락이 있어요.
능력 : 얼굴을 보는 사람을 돌로 만들기.
약점 : 산만해서 문제가 끊이지 않아요.
활약 포인트 : 거칠고 길들지 않은 예티·골렘·유니콘과 잘 맞아요.

여섯 명을 소개합니다

이름 : 하데스.
국적 : 인도.
특징 : 차분하고 명상을 좋아해요.
능력 : 자유롭게 다루는 불.
약점 : 영적 세계에 빠지곤 해요.
활약 포인트 : 불꽃과 깊은 관련이 있는 암무트·키메라·펜리르와 잘 맞아요.

이름 : 아라크네.
국적 : 스웨덴.
특징 : 수줍음이 많고 컴퓨터로 인터넷 검색을 즐겨요.
능력 : 거미와 거미줄 다루기.
약점 : 두려워하는 것이 너무 많아요.
활약 포인트 : 케우케겐·스쿵크·카토블레파스처럼 우울한 몬스터와 잘 맞아요.

이름 : 디오니소스.
국적 : 불명.
특징 : 그저 작다는 것밖에 알려진 게 없어요.
능력 : 식물을 자라게 하기.
약점 : 쉽게 잠이 들어 버려요.
활약 포인트 : 동물이나 식물과 관련 있는 만드라고라·자라탄·맘몬과 잘 맞아요.

옛날 옛적,
멀린의 메달 이야기

메달은 아서왕의 스승이자 위대한 마법사인 멀린이 만들었어요.
마법사 멀린은 호수의 정령으로 알려진 아름다운 비비아나를 사랑했어요. 비비아나에게 한눈에 반한 멀린은 그녀가 해 달라는 것은 무엇이든 다 해 주었어요. 마법을 부릴 수 있는 모든 주문까지 가르쳐 주었답니다. 멀린에게서 많은 것을 얻은 비비아나는 갑자기 180도 달라졌어요. 그를 배신한 뒤 유리 동굴에 가두어 버렸거든요. 유리 동굴은 살아 있는 모든 것과 아주 멀리 떨어져 있었어요. 동굴에 갇힌 채 혼자가 된 멀린은 안에서 '신성한 메달'을 만들었어요. 그러고는 메달을 통해 바깥세상에서 무슨 일이 일어나는지 유심히 살펴보았답니다. 메달은 과거를 꿰뚫어 볼 뿐만 아니라 필요할 때 편지도 전달할 수 있었어요. 덕분에 멀린은 동굴에서 조금이나마 편하게 지낼 수 있었어요.

이것이 많은 사람에게 널리 알려진 마법사 멀린의 이야기란다. 잘 알고 있는 이야기이지? 사실 여기에는 뒷이야기가 숨어 있어. 멀린이 메달로 나에게 편지를 보내서 내가 구해 주었다는 사실이야.
호수의 정령 비비아나는 착한 듯하면서도 별난 여자인 듯해. 자신을 사랑해 준 남자를 영원히 가둘 만큼 아주 못된 성격이기도 하고 말이야.
나는 누구에게도 이 사실을 말하지 않겠다고 약속한 뒤 멀린을 구해 주었어. 세상에 나온 그가 고맙다면서 나에게 메달을 준 거야.
이 책에 멀린의 메달을 잘 묶어 두었으니 잘 쓰기 바랄게.

키르케

메달의 줄

메달은 절대 어딘가에 대충 넣어 두어서는 안 돼요. 반드시 남자 수호자나 여자 수호자의 목에 걸려 있어야만 한답니다. 메달은 강한 마법의 힘이 있지만, 무겁지 않아요.

메달의 재질

메달은 위대한 마법사들만 아는 금속으로 만들어졌어요. 이 금속은 빛에 강하고 불에 던져져도 모양이 바뀌지 않아요. 어떤 때에도 절대 부서지거나 깨지지 않아요.

메달의 가운데

메달은 환상 동물들의 과거를 볼 수 있게 해 줘요. 과거를 알고 싶은 환상 동물과 관련 있는 모든 것의 위에 올려놓기만 하면 이야기를 생생하게 보여 줘요.

모든 생명체는 세상의 바탕이 되는 가장 기본인 원소 네 가지와 직접 이어져 있어. 그 원소는 바람·불·땅·물이란다. 지금부터 속성별로 어떤 환상 동물이 있는지 보여 주마.

귀르케

바람

대부분 '날개'가 있는 환상 동물들이랍니다.
꿈과 빛, 맑은 공기나 탁한 공기와 관련이 있어요.

바실리스크 _26
바쿠 _30
스핑크스 _34
케우케겐 _38
피닉스 _42
햐쿠메 _46
히포그리프 _50

불

'불'을 뿜는 환상 동물들이에요.
화산과 깊은 연관이 있고 불과 같은 특징이 있어요.
사후 세계에 속하는 환상 동물들과 정령들 사이에 있는
환상 동물들은 불 속성에 들어가요.

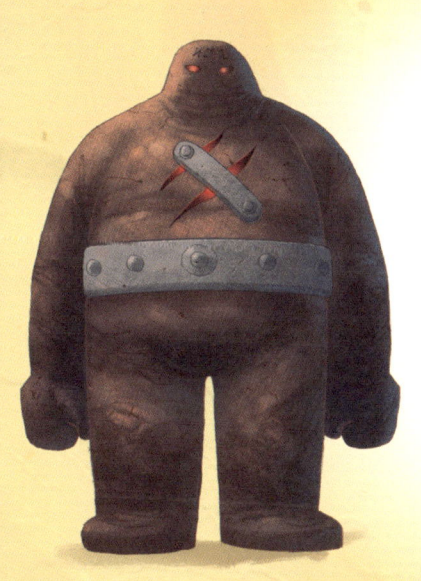

골렘 _56
암무트 _60
용 _64
유니콘 _68
키메라 _72
펜리르 _76

땅

땅 속성 환상 동물들은 육지나 숲,
산과 애완동물(개·고양이·말·소)과 깊은 관련이 있어요.
이들에게만 인간이 가진 특성이 있지는 않지만,
다른 무엇보다 더 인간과 가까운 특징이 있어요.

다후 _82
만드라고라 _86
만티코어 _90
맘몬 _94
미노타우로스 _98
예티 _102
켄타우로스 _106
퀴퀸 _110

물

넓은 바다와 강 또는 호수처럼 자연 상태의 물뿐만 아니라
인간이 물을 모아 만든 수영장에서도 사는 환상 동물들이에요.
물과 관련이 많은 녀석들이지요.
이들은 물로 변신할 수 있답니다.

세이렌 _116
스큉크 _120
아위소틀 _124
아카나메 _128
아쿨트 _132
자라탄 _136
카토블레파스 _140
큰바다뱀 _144
히드라 _148

전설과 신화 속 몬스터를 찾아서

1
바람의 환상 동물

바실리스크

바실리스크는 리비아의 동쪽에 있는 키레나이카 지방의 사막 지대부터 동유럽과 독일의 산악 지대, 오스트리아의 티롤주에까지 걸쳐 살아요. 치명적인 독이 있는 이 녀석의 입김에 살짝 스치기만 해도 생명을 빼앗길 수 있어요.

용의 날개

얼마나 클까요?

리비아, 유럽

수탉의 머리

독이 있는 혀

- 🧪 **신체** : 수탉의 머리와 다리, 뱀의 몸, 용의 날개가 있어요.
- ⚖️ **사는 곳** : 동굴이나 지하 우물.
- 🔥 **특징** : 입김을 불거나 한입 베어 물어서 치명상을 입힐 수 있어요. 단번에 돌로 만들거나 다 태워 버릴 수도 있답니다.

바실리스크의 이야기

바실리스크는 귀한 보물들이 가득한 동굴과 지하 창고, 우물에서 살아요.

이 환상 동물은 머리에 있는 왕관 모양의 벼슬과 강한 힘 때문에 '뱀의 왕'이라고 불려요. 바실리스크의 왕국은 신하가 단 한 명도 없는 거칠고 쓸쓸한 곳이랍니다. 매우 강한 독을 품고 있는 바실리스크의 발길이 닿아서 왕국은 메마른 사막이 된 거예요. 그곳에 사는 모든 식물과 동물은 꼼짝없이 죽고 말아요. 날아다니는 새들조차 생명을 잃고 나무 위에 달려 있는 열매도 썩어 버린답니다. 바실리스크가 부리를 대고 마신 강물은 아주 오랜 시간 동안 독으로 더러워진 채 남아 있어요. 그가 지나가기만 해도 바위는 쪼개지고 목초지도 불타 버려요.

바실리스크를 위협할 수 있는 것은 단 세 가지예요. 족제비의 공격과 수탉의 울음소리, 자신의 모습이 비친 거울이에요. 바실리스크와 싸워서 힘겹게 이긴 자도 끝내 죽고 말아요. 이 환상 동물과 겨루는 모든 이에게는 죽음만이 남아 있을 뿐이지요.

바실리스크에게서 목숨을 지키려면 해독제로 알려진 '바질(Basil)'을 쓰면 된답니다.

바실리스크

'작은 왕'.
대제사장이자 로마의 지배자인
'왕 중의 왕' 바실리우스에서
유래했어요.

- 바실리스크를 본떠 만든 동상들은 많아요. 스위스의 한 도시에 있는 베트슈타인다리 끝에도 바실리스크의 동상이 있답니다. 이 도시에 있던 샘에 바실리스크가 살았대요!

반드시 기억할 사항!

1. 바질이 근처에 자란 동굴에 숨어서 바실리스크를 몰래 찾아보렴! 주변에 모습을 드러내면 위험하니 조심 또 조심해야 한단다.
2. 바실리스크는 독이 매우 강해서 녀석의 입이 닿은 물조차 위험할 수 있어. 마실 물이 담긴 물통을 반드시 가져가고 해독초 바질도 꼭 가져가야 해. 바질을 어떻게 쓰는지는 디오니소스에게 물어보렴. 녀석은 식물이라면 모르는 게 없으니 말이야.
3. 바실리스크에게 절대로 '수탉과 족제비'라는 말은 입도 뻥끗해서는 안 돼. 그 말을 들으면 매우 신경질적으로 변하고 말 거야.

메두사

애들아, 바질 좀 남겨 줄래? 어서 페스토(Pesto, 올리브 오일·바질·파르메산 치즈·마늘·잣을 갈아 만든 소스)를 만들어 보자고!

아레스

바실리스크를 본떠 만든 동상

바쿠

바쿠는 원래 중국에서 살았지만, 지금은 일본에서도 활동해요. 이 녀석은 사람들이 잘 때 꾸는 악몽을 먹고 살아서 주로 밤에 나타나요.

코뿔소의 눈

- **신체** : 맥(코가 뾰족한 돼지 비슷하게 생긴 중남미와 서남아시아에 사는 동물)처럼 생겼어요. 곰의 몸통과 호랑이의 발, 소의 꼬리와 코뿔소의 눈이 있어요.
- **사는 곳** : 누군가 잠자고 있는 곳.
- **특징** : 가장 바깥쪽에 나 있는 털이 병에 걸리지 않도록 지켜 줘요.

바쿠의 이야기

바쿠는 사람의 악몽과 불행을 먹고 살아요. 사람에게 도움을 주는 환상 동물이지요. 푹신한 바쿠의 털 위에서 자면 병에 걸리지 않는다는 이야기도 옛날부터 전해지고 있어요. 이는 바쿠가 병을 일으키는 악령을 집어삼키기 때문이에요.

바쿠는 소설이나 동화책 등의 여러 이야기에서 주인공으로 나오기도 해요. 최근에는 영국의 유명한 작가인 닐 게이먼의 책에도 등장했어요.

요한 하인리히 퓌슬리의 〈밤에 꾸는 악몽〉

인큐버스, 릴리트처럼 악몽을 일으키는 몬스터들은 많아요. 이런 나쁜 몬스터와 맞서 싸워 이길 수 있는 존재들은 거의 없답니다. 바쿠는 이들을 물리칠 수 있는 환상 동물이에요. 이 덕분에 많은 사람에게 사랑을 받고 있어요. 전쟁에서 승승장구하는 군사들도 평생 바쿠의 그림을 밑에 둔 채 잤어요. 세상에서 셀 수 없을 만큼 돈이 많은 부자들도 바쿠를 황금 자수로 수놓은 쿠션을 베고 잤을 만큼 인기가 좋았답니다.

아하, 내가 잠을 자지 못했던 이유가 이거였구나! 나도 바쿠에게 데려가 달라고 메두사에게 부탁해야겠어.

존 콜리어의 〈릴리트〉

깊은 밤에 우리가 편히 잠들지 못하게 하는 나쁜 몬스터들이 있어요.
인큐버스와 릴리트가 대표적인 몬스터랍니다.
인큐버스는 라틴어로 "~위에 눕다."라는 뜻이에요. 이름에서 알 수 있듯,
우리가 잠자는 동안 가슴 위에 올라타는 무시무시한 존재예요.
올라탄 인큐버스 때문에 숨을 쉬지 못해서 호흡이 가빠지고 끔찍한 악몽까지 꾸고 말아요.
어떤 화가는 이런 사나운 몬스터에게 푹 빠져서 주인공으로 삼아 그림들을 그렸어요.
인큐버스의 저주 때문이었는지 화가는 불면증에 시달렸답니다.
그가 누구인지 궁금하지 않나요? 바로 스위스의 화가, 요한 하인리히 퓌슬리예요.
인큐버스의 여성판으로 알려진 몬스터는 이름이 여러 가지예요.
로마에서는 '서큐버스'라고 부르고 유대인들은 '파드 라일라(밤의 위협자) 또는 릴리트',
수메르 사람들은 '아르다트 릴리 또는 릴리트'라고 불러요.
이들뿐만 아니라 수많은 사람이 깊이 자지 못하도록 방해하는 몬스터들이 전 세계에 여럿 있답니다.
고대 로마 사람들 사이에는 정령 라미의 이야기가 전해져요.
라미는 사람들이 잠에 빠져들면 영혼으로 들어오는 위험한 존재예요.
깊은 밤에 사람들의 방으로 들어와서 새록새록 잠자고 있는 아이를 납치하기도 해요.
사람의 피를 가져가서 팔아먹기도 하고요.
어때요, 이런 무시무시한 이야기들은 정말 끔찍하지 않나요?
북유럽 신화에 나오는 반란디왕은 마녀가 보낸 몬스터, 마레의 무게에 눌려
숨이 막혀서 죽었다는 이야기도 전설로 남아 있어요.

아레스, 잠들기 전에 후추로 양념한 칠면조 고기를 먹지 않으면 속이 편해서 잘 잘 수 있을 거야.
바쿠가 왜 필요하겠어?

메두사

스핑크스

스핑크스는 반은 사람, 반은 사자인 환상 동물이에요. 대부분 여성이지만 남성인 녀석도 있고 날개가 있는 녀석도 있답니다. 스핑크스는 고대 이집트에서 태어났지만 크고 넓게 펼쳐지는 멋진 날개로 이동하며 그리스와 남동아시아, 유럽 곳곳에서 살아가고 있어요.

머리는 인간

얼마나 클까요?

- 🛡 **신체** : 사자의 몸, 인간의 머리가 있기도 하고(안드로 스핑크스), 매의 머리가 있기도 하며(히에라코 스핑크스), 양의 머리가 있기도 해요(크리오 스핑크스).
- 🧭 **사는 곳** : 세계 곳곳.
- 🔥 **특징** : 몇몇 스핑크스는 수수께끼를 내서 답을 말하지 못하면 잡아먹어요.

스핑크스의 이야기

리스, 아시아(특히 인도), 유럽에는 이집트의 스핑크스가 널리 알려져 있어요. 섬세한 성격의 스핑크스는 때때로 귀걸이를 달고 있기도 해요.

에티오피아에서 태어난 스핑크스는 헤라(또는 아레스) 여신이 그리스의 도시 테베로 데려왔어요. 그곳에서 지나가는 사람들에게 "무엇이 하나의 목소리가 있으면서 네 발로도 걷고 세 발로도 걷고 두 발로도 걷는가?"라고 문제를 냈어요. 이 수수께끼는 오이디푸스가 '사람'이라고 맞히면서 전 세계에 알려졌어요. 사람은 평생 하나의 목소리를 내면서 아기일 때 네 발로, 어른일 때 두 발로, 노인일 때 두 다리와 지팡이에 의지해 걷거든요.

스핑크스가 낸 다른 수수께끼는 "언니가 동생을 낳고 동생이 언니를 낳는 자매가 있다. 이 자매는 누구인가?"였어요. 그 답은 '낮과 밤'이에요. 이 수수께끼는 그리스 사람들만 이해할 수 있어요. 그리스어에서 낮과 밤은 '여성 명사'를 써서 낮과 밤을 자매로 볼 수 있다는 뜻이지요.

오이디푸스가 수수께끼를 풀자, 스핑크스는 너무나 부끄러워져 절벽에서 뛰어내려 스스로 목숨을 끊었다고 해요.

오른쪽의 스핑크스들은 어린 시절 내가 모아 놓은 스티커 북에 있던 거야. 여기에서 프랑스의 스핑크스만 도저히 못 찾겠네? 너희가 스핑크스들을 먼저 공격하지 말라고 알려 주는 것이니 잘 봐 두렴.

키르케

이집트의 지도

마법 스티커가 있는 스티커 북

스핑크스

37. 아시리아의 스핑크스(라마수)
선한 스핑크스예요. 황소나 사자의 몸, 사람의 머리를 하고 있으며 수염이 나 있기도 해요. 조각상에는 다리가 5개(대각선으로 보세요) 있는데 앞에서 보면 다리 2개로 서 있는 모습이에요. 옆에서 보면 4개로 움직이는 모습이지요. 실제로 라마수는 다리가 5개는 아니라고 해요.

38. 스핑크스나비
스핑크스는 누군가 건드리면, 몸의 앞부분을 올려서 웅크리고 앉아 있어요. 웅크린 모습이 이 나비가 애벌레일 때와 비슷하다고 해서 '스핑크스나비'라고 이름을 붙였어요.

39. 이집트의 스핑크스
피라미드는 파라오의 무덤이에요. 이집트의 스핑크스는 깊은 잠에 든 파라오를 지키려고 피라미드 앞에 있어요. 개나 사자의 몸과 인간의 머리를 하고 있고요. 이집트의 도시 기자에 있는 스핑크스가 가장 커요. 그곳에는 스핑크스가 900여 개나 있었다고 해요.

40. 프랑스의 스핑크스
프랑스에는 장신구로 꾸민 스핑크스도 있어요. 조금 더 우아하고 세련되어 보이겠지요? 프랑스의 스핑크스는 아쉽게도 자료가 없어요.

케우케겐

케우케겐은 털로 뒤덮인, 몸집이 작고 검은 개예요. 외모만 보면 정말 귀엽고 착해 보인답니다. 애완동물로 키우기에 딱 좋은 순한 성격처럼 보이지요. 이 외모에 속아 넘어가면 안 돼요. 케우케겐은 상냥한 성격이 아니거든요. 불행과 질병을 가져다주는 무시무시한 동물이랍니다. 늪지대와 어두운 곳에서 살고 부끄럼을 많이 타서 쉽게 눈에 띄지 않아요. 녀석을 근처에 얼씬하지 못하게 하고 싶다고요? 그렇다면 집을 깨끗하게 청소하세요.

두꺼운 검은색 털

얼마나 클까요?

일본

털로 덮여 있고 앞으로 튀어나온 눈

더러운 자국

- **신체** : 몸집이 작고 털이 많은 개예요.
- **사는 곳** : 더럽고 어두운 곳.
- **특징** : 부끄럼을 많이 타지만 불행을 가져오고 사람들이 병에 걸리게 해요.

나의 멋진 제자들에게!
너희가 찾아야 하는 이 놀라운 녀석은 안타깝게도 온 우주를 껄끄럽게 뒤흔드는 존재란다.
케우케겐 때문에 모두가 불행해지고 있지.
아래의 메모들은 아주 작은 선물이지만 너희가 요긴하게 쓸 수 있으리라 생각한단다.
잊지 말고 꼭 가지고 가렴!

키르케

얘들아! 키르케 님께서 케우케겐이 불행을 몰고 온다고 말씀하셨잖아? 난 내 안전을 위해 빨간 코르네토(빨간 고추 모양의 작은 뿔)를 머리에 꽂았어. 흠, 너희가 코르네토를 꽂은 이유를 알 리가 없지. "예쁘게 보이려고 그러니?"라고 묻지 않으려나 모르겠다.

아테나

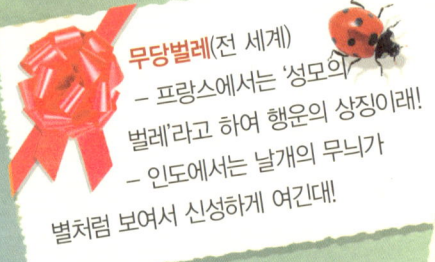

무당벌레(전 세계)
- 프랑스에서는 '성모의 벌레'라고 하여 행운의 상징이래!
- 인도에서는 날개의 무늬가 별처럼 보여서 신성하게 여긴대!

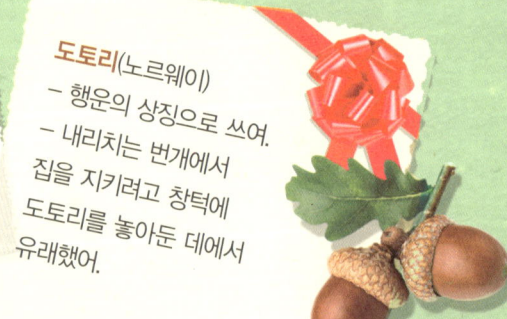

도토리(노르웨이)
- 행운의 상징으로 쓰여.
- 내리치는 번개에서 집을 지키려고 창턱에 도토리를 놓아둔 데에서 유래했어.

케우케겐의 이야기

케우케겐은 일본에 살아요. 아주 축축하고 더러우며 어두운 곳에서 살아가지요. 버려진 집, 정원, 정돈되지 않은 옷장, 황무지는 케우케겐이 좋아하는 곳이에요. 먼지가 많거나 진흙이 많고 쓰레기통이 꽉 차 있는 곳도 좋아해요. 이런 곳에는 먹을 게 많기 때문이랍니다.

케우케겐은 불행을 가져다주지만, 나쁜 의도로 그러는 것은 아니에요. 부끄럼을 많이 타서 사람들을 피해 다니거든요. 그저 더럽고 냄새나는 환경에 살아서 병을 옮기고 불행까지 가져다줄 뿐이에요.

케우케겐이 어떤 곳에 살고 있는지 알아차리기는 쉽지 않아요. 이 몬스터를 근처에 얼씬도 못 하게 하는 방법이 있어요. 주위를 청소해서 깔끔하게 하면 끝이랍니다.

가족 가운데 누군가 몸이 약해지고 있다면 집 안 구석구석에 먼지가 있는지 확인하세요. 어딘가에 케우케겐이 숨어 있을지 모르니까요. 케우케겐이 있는 듯하다면 바로 빛을 쬐고 맑은 공기를 마신 뒤, 청소해야 해요! 깨끗해진 집을 뛰쳐나온 케우케겐은 꿉꿉하고 더러운 곳을 찾아갈 거예요. 자연스럽게 집 안의 모든 불행과 질병도 떠나갈 거랍니다.

탈리스만은 마법의 힘이 있는 부적이야. 식물과 동물, 여러 물건의 모양을 본떠 만든 공예품이지. 악이나 위험에서도 보호해 준다고 해. 그러니 잊지 말고 탈리스만과 메모의 물건들을 몸에 지니고 다녀야 해.

메두사

코르네토(이탈리아 남부)
- 빨간 산호로 만들어진 것이 진짜.
- 다른 사람에게 행운을 기원하며 선물하는 전통이 있어.

풍뎅이(이집트)
- '스카라브 또는 스카라베'라 부르는 황금 풍뎅이.
- 부적 등의 상징물로 쓰이며 부활과 풍요, 다산을 상징한대.

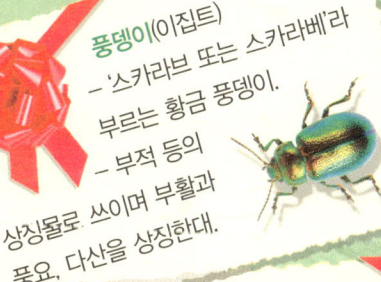

말굽(영국)
- 말굽 모양 U를 옆으로 돌리면 나타나는 알파벳 C가 그리스도(Christ, 크라이스트)를 뜻해서 행운의 상징으로 쓰여.

네잎클로버(켈트족)
- 켈트족의 성직자 드루이드들이 악을 쫓아내려고 지녔대.
- 나폴레옹이 클로버를 따려고 허리를 구부리면서 우연히 총알을 피했다고 한 뒤부터 행운을 상징해.

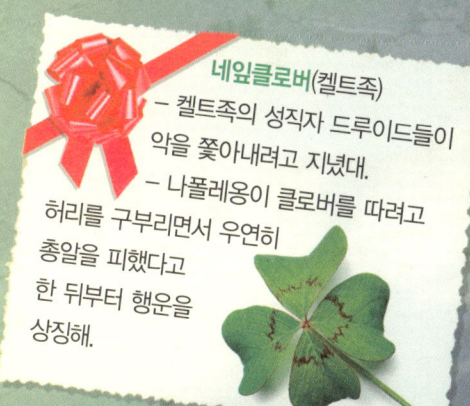

피닉스

신성한 새, 피닉스(불사조)는 달콤한 노래를
부르며 온 세상을 날아다녀요.
피닉스는 어디에서 태어났느냐에 따라 특징이
조금씩 달라요. 또 죽은 뒤에
다시 살아나는 능력이 있답니다.
이 놀라운 환상 동물은 500년을 주기로 해서
자신을 불태워 사그라지게 해요.
그다음 먼지에서 다시 태어나요.
이런 특징은 날마다 저물었다
다시 떠오르는 태양과 많은 관련이 있어요.
피닉스의 신조는 '다시 일어나기'랍니다.

불꽃

긴 꼬리

- **신체** : 빨간색, 금색 외에 여러 색의 깃털이 있는 새예요.
- **사는 곳** : 사막의 오아시스.
- **특징** : 달콤하고 아름다운 목소리로 노래하고 재로 변한 뒤에 다시 태어나요. 피닉스가 나타나면 행운이 찾아오고 부를 얻을 수 있다고 알려져 있어요.

맙소사! 전 세계에 있는 여러 문화권에서 피닉스를 볼 수 있다니. 녀석은 이름만 바꾼 채 여러 모습으로 살았던 모양이야! 대한민국에서는 불사조, 러시아에서는 자르프티차(불새), 이집트에서는 베누, 아메리카 원주민들은 옐, 그 외에 여러 이름으로 피닉스를 부르고 있네? 아무래도 키르케 도서관에서 정보를 더 찾아봐야겠어.

아테나

피닉스

(라틴어 phoenix, 그리스어 φοῖνιξ -ικος)

1. 신조는 "죽은 뒤에 다시 일어난다."이다.
2. 날마다 떠오르고 지는 태양의 상징과 비슷하다. 피닉스는 죽은 다음 날 다시 태어난다.
3. 피닉스는 밝은 별이 11개나 있는 별자리이다.
4. 피닉스의 이탈리아어 '페니체'는 고대 연금술사들이 철학자의 돌에 붙인 이름이기도 하다. 이는 아무런 가치 없는 금속을 결코 사라지지 않는 금으로 바꾸는 신비한 돌이다.

피닉스의 이야기

이집트에 사는 피닉스는 유명해요. 이 환상 동물은 아무도 찾을 수 없는 사막의 오아시스에서 볼 수 있어요. 오아시스의 신선한 물이 있는 곳 근처에서 말이지요.

오랜 세월 동안 사람들은 그곳에서 피닉스를 사냥했다고 말하곤 했어요. 정작 그들이 잡은 것은 따오기·공작·왜가리뿐이었지만 말이에요.

캄캄한 밤이 지나 새벽이 밝아 오면 피닉스는 깨끗한 물에서 목욕하고 노래해요. 노랫소리가 매우 아름다워서 하늘에 있는 태양조차 멈춘 채 그 소리를 듣는답니다. 때때로 피닉스는 '태양의 도시'라 불리는 이집트의 헬리오폴리스에 가요. 이 도시에 있는 태양의 신전에서 부활을 준비하려고 하지요.

피닉스는 500년을 살 수 있어요. 수명이 다해 갈 때가 오면 높은 나무의 꼭대기로 올라가요. 그다음 독특한 향을 풍기는 풀로 지은 둥지 안에 조용히 들어가요. 태양이 가만히 둥지를 비추면 불이 붙어요. 이때 피닉스 역시 불태워진답니다. 풀이 타오르면서 내뿜는 향기는 신비로워요. 그렇게 3일 동안 태양 빛이 둥지를 비추면 다 타고 남은 재에서 작은 새 한 마리가 나와요. 그래요, 이 작은 새가 젊고 강한 새 피닉스가 된답니다.

피닉스의 깃털

재에서 피닉스가 태어나요.

햐쿠메

햐쿠메는 머리부터 발끝까지 눈알이 여기저기 달려 있어요.
이 몬스터는 일본에서 전통 있는 절을 지키는 문지기예요.
도둑은 절대 햐쿠메의 눈을 피할 수 없어요. 몸 여기저기에 달린 눈알은 떼어 낼 수도 있어요. 일반 사람과 달리 동에 번쩍 서에 번쩍 나타날 수 있답니다.
햐쿠메는 햇빛을 싫어해서 밤에 주로 움직여요.
절을 지킬 때에도 그늘진 곳이나 어두컴컴한 곳에 있다가 튀어나와요.
이 탓에 많은 사람이 놀라지만 나쁘게만 볼 일은 아니에요.

침입자를 놓치지 않는 눈알

- 🛡 **신체** : 인간의 특성이 있지만, 형체는 없어요.
- 🧭 **사는 곳** : 절의 안.
- 🔥 **특징** : 빛을 싫어하고 눈알을 떼었다 붙였다 할 수 있어요.

얼마나 클까요?

일본

모호한 사람의 형태

빛에 매우 민감한 눈알

햐쿠메의 이야기

햐쿠메는 햇빛이 강한 낮에는 눈이 부시고 아픔을 느끼기 때문에 밤에 움직여요. 낮에는 그늘진 곳이나 버려진 공터, 사람들의 눈에 띄지 않는 곳으로 몸을 피해요.

도둑을 만나면 자신의 눈알 가운데 하나를 떼어서 던져요. 그리고는 더 이상 나쁜 짓을 저지르지 못하도록 뒤쫓아 가서 깜짝 놀라게 한답니다. 아주 급할 때는 어둠 속에서 펄쩍 뛰어올라 공격하기도 하고요. 보통은 도둑이 멀리 달아날 때까지 기다려요.

여러분이 외진 공원이나 아무도 없는 공터에 간다면 셀 수 없이 많은 눈알이 붙어 있는 무언가를 볼지도 몰라요. 그건 햐쿠메가 아니라 비슷한 '모쿠모쿠렌'이에요. 모쿠모쿠렌 역시 눈알이 많이 있는 몬스터예요. 모쿠모쿠렌의 눈알은 전형적인 일본의 종이 벽지나 문에 나타나요. 종이 벽지에 구멍이 뚫렸을 때 바로 고치지 않거나 다른 종이로 덧붙이지 않으면 나타난답니다. 뻥 뚫린 구멍은 눈알이 차지하고 모쿠모쿠렌의 친구들이 집 안으로 연신 드나들어요. 눈알은 좀 성가시고 거슬리긴 하지만 위험한 존재는 아니에요.

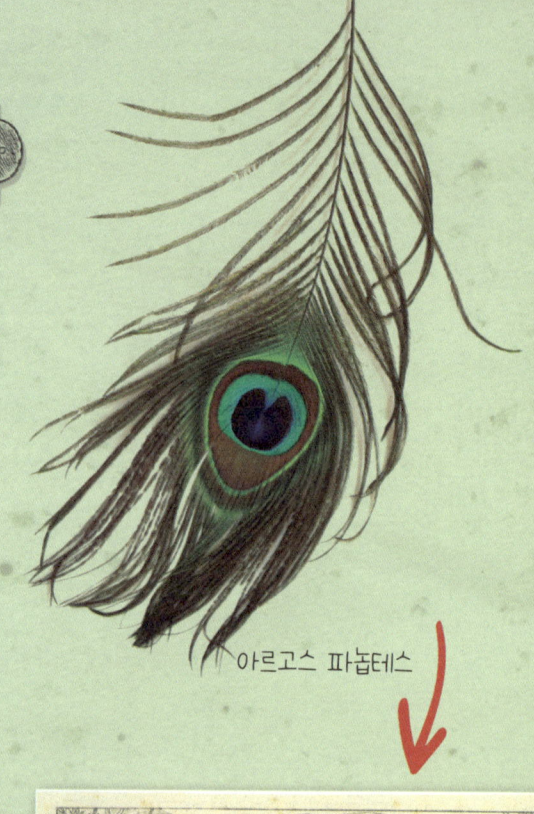

아르고스 파놉테스

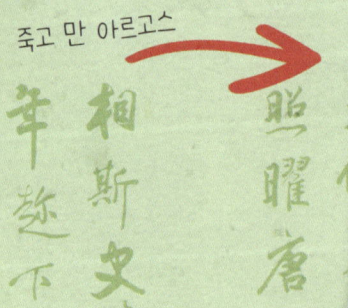

헤르메스에게
죽고 만 아르고스

아르고스 파놉테스

이 이름에 "아르고스는 모든 것을 본다."라는 뜻이 있어요.
이 거인은 100개나 있는 눈을 모두 동시에 감지 않아요.
잠잘 때 몇 개만 감거든요. 다른 눈들은 감시하기 위해 계속 뜨고 있어요.
제우스의 부인인 헤라는 이런 특징이 있는 아르고스에게 소중한 동물들을
잘 지켜 달라고 부탁했어요. 누군가가 아끼는 동물들을 훔쳐 가 버리면 큰일이니까요.
그런데 아르고스를 잠재운 대단한 신이 있어요. 바로 '헤르메스'랍니다.
헤르메스는 아르고스의 모든 눈이 감길 때까지 아주 길고 긴 이야기를 밤에
들려주고 자장가까지 불러 주었어요. 그리고 헤라의 동물들을 가져가 버렸어요.
아르고스가 죽자, 헤라는 눈들을 가져다가 공작새의 깃털에 붙여 주었지요.
그 뒤부터 공작새는 신성한 동물이 되었어요.
그리고 오늘날 공작새의 날개를 매우 아름다운 '눈'이
있다고 표현하는 것이랍니다.

너희도 알다시피, 이곳에도 많은 눈을 가진 생명체들이 있단다.
아르고호에게 아르고스의 이야기를 절대 해서는 안 돼. 아르고호의 이름이 아르고스의 이름을 따서 지어졌거든. 이 둘이 얼마나 가까운지 알겠지? 아르고스의 이야기를 들으면 두 주먹을 불끈 쥐고 화를 낼지도 몰라!

키르케

눈앞에 안개가 낀 듯 뿌옇게 보인다면 백내장 초기입니다.

당신의 눈을 치료해 줄 약

이리달
(안약)

약사에게 이리달을 물어보세요.
약국에 이리달이 없다면 토리노 세르니아아 44번지에 있는 안과 약국인 피치니노에 문의하세요. 무료 체험도 가능합니다. 3병에 34리라로 행사합니다.
안과 질환 예방법과 치료법 매뉴얼도 준비합니다.
필요하신 분은 요청하십시오.

얘들아, 눈이 많다면 누구보다 완벽하게 감시할 수 있는 대단한 수호자가 될 것 같지 않니? 난 아르고스에게 안약을 가져다줘야겠어. 한 번도 눈을 감지 않고 계속 지켜본다면 정말 고통스러울 테니까. 내가 약을 준다면 절대 눈을 감을 일이 없을 거야!

아라크네

히포그리프

히포그리프는 말과 그리폰 사이에서 태어난 환상 동물이에요. 머리는 독수리, 몸은 사자의 모습으로 그려져요. 고대 로마의 작가인 루키아노스가 그리스에서 이 녀석을 봤어요. 시인 루도비코 아리오스토도 이탈리아 북쪽에 있는 도시 만토바에서 봤다고 해요.

↑ 독수리의 부리

- 🛡 **신체** : 머리와 날개는 독수리, 앞쪽 다리와 몸은 사자, 뒤쪽 부분은 말을 닮았어요.
- 🏠 **사는 곳** : 주로 숲속이나 성.
- 🔥 **특징** : 독수리처럼 날아 내려와서 발톱으로 먹이를 잡아채고 불로 태울 수도 있어요.

히포그리프의 이야기

포그리프는 마법사 아틀라스의 탈것이었어요. 그의 명령에 따라 빠르게 하늘로 날아올라서 목표물을 포착한 다음 순식간에 소녀들을 낚아채 데려왔어요. 아틀라스는 히포그리프가 잡아 온 소녀들을 잘생기고 멋진 젊은이들과 함께 성 안에 가두었어요. 아틀라스에게는 신망이 두터웠던 기사 '로게로(로제로)'라는 양아들이 있었어요. 아틀라스는 로게로가 불행할 운명을 타고 났다는 사실을 알아 버렸어요. 그리고 그를 지키기 위해 성 안에 가두었답니다. 갇힌 로게로는 지루해하거나 성에서 도망치고 싶다는 생각을 조금도 하지 않았어요.

어느 날, 용감한 여전사 브라다만테가 연인인 로게로를 구하려고 성으로 왔어요. 아틀라스와의 대결에서 이긴 그녀는 로게로를 데리고 가지 못했어요. 아틀라스가 히포그리프에게 로게로를 데리고 미리 떠나게 했거든요. 이후 그 둘은 이곳저곳을 두루 다니면서 수많은 모험을 했어요.

얼마 후에 히포그리프는 또 다른 기사인 아스톨포에게 붙잡혔어요. 그는 발자국조차 남기지 않는 불과 바람과 빛으로 만들어진 마법의 말 라비카노가 있었음에도 히포그리프를 갖고 싶어 했어요. 마침내 아스톨포는 아틀라스의 성에 갇혀 있던 또 다른 히포그리프를 얻었어요. 그때가 인생에서 가장 행복했던 순간이었을지도 몰라요. 이후 아스톨포는 새로 얻은 히포그리프와 함께 신나게 여러 곳을 여행했어요. 프랑스와 스페인, 아프리카 대륙을 탐험했지요. 그는 히포그리프와 함께 지옥의 문에 있는 끔찍한 몬스터들과 싸웠고 하늘 위의 세계까지 날아가기도 했답니다. 이 모든 이야기는 루도비코 아리오스토의 이야기에 나와요.

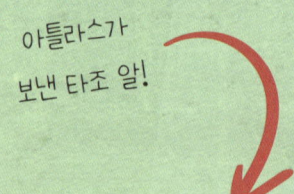

아틀라스가 보낸 타조 알!

위대한 대마법사, 키르케 님께!

이렇게 귀하고 성스러운 히포그리프의 알을 보내 드릴 수 있어서 정말 영광스럽습니다.

제게 이런 기회가 오다니 믿을 수 없군요!

이 알은 장차 위엄 있는 히포그리프로 자랄 것입니다. 이 녀석은 하늘 높이 날아 올라갔다 미끄러지듯 내려와 땅에 사뿐하게 내려앉기도 합니다.

남의 눈을 피해 보물을 날쌔게 낚아채고 또 순식간에 사라지게 하는 기술도 모두 익혀서 태어날 것입니다.

키르케 님께서 보물을 훔치고 숨기는 데 관심이 있는지는 모르겠습니다만 히포그리프는 잘 해내리라 믿습니다. 이토록 귀한 알을 선물하는 것은 당신의 위대함을 우러르기 때문입니다. 제가 감히 도달할 수 없는 마법의 경지에 오르신 당신에게 제 끝없는 존경의 표시로 보낸 이 선물을 받아 주십시오.

당신을 진심으로 공경하는 보잘것없는 마법사 아틀라스

덧붙이며. 키르케 님께 간곡히 부탁드리고 싶은 일이 있습니다. 부디 마법 하나만 전수해 주십시오. 저는 사람을 동물로 바꾸는 마법을 알고 싶습니다.

이러쿵저러쿵 어쩌고저쩌고. 쓸데없는 말을 어찌나 많이 적었던지! 단지 내 마법 주문에만 관심이 있던 놈에게 감쪽같이 속았어! 그 알은 진짜 아니냐고? 하, 히포그리프의 알 좋아하시네! 그건 타조 알이었다고! 못돼먹은 사기꾼 같으니!

키르케

덧붙이며. 나도 놈에게 아무것도 안 보낼 수 없어서……. 마요네즈 만드는 법을 보내 줬어. 잘 받았나 모르겠구나. 하하하, 그 후에 절대 나에게 이런 편지 한 장 보내지 않더라고.

골렘

골렘은 체코 공화국의 수도인 프라하에 있어요.
인간의 모습을 본떠 진흙으로 빚은 생명체랍니다.
인간의 특성이 있어서 자신의 의지에 따라 행동하기도 해요.
몸집은 커다랗고 비범한 힘이 있지만, 지능은 매우 낮아요.
골렘은 착한 몬스터이지만 이성을 잃으면
세상에서 제일 위험한 존재로 바뀐답니다.
진흙 덩어리에 생명을 불어넣으려면
이마에 히브리어로 '진리'라는 말을 새겨 넣어야 해요.

블타바 강둑에서 나온 진흙으로 만든 몸통

- 신체 : 인간의 특성이 있는 점토 거인이에요.
- 사는 곳 : 체코의 도시 프라하.
- 특징 : 힘이 매우 세지만 똑똑하지 않아요.

얼마나 클까요?

골렘의 이야기

고대 프라하의 모습

골렘은 1500년 후반에 랍비 로위가 프라하에 사는 유대 민족들을 위해 만들었어요.

신성로마제국의 수도 프라하에 살던 유대인들은 루돌프 2세에게 쫓겨나기 직전이었어요. 로위는 탄압받는 유대인을 지키라고 신에게 계시를 받았답니다. 그리고 진흙으로 골렘을 만들었어요. 생명을 불어넣기 위해 진리라는 뜻의 히브리어 '에메트(Emet)'를 이마에 새겨 넣었지요. 골렘이 명령을 따르지 않을 때는 'Emet'에서 'E'를 지워 진흙으로 돌아가게 했어요. 그러면 '죽음'을 뜻하는 'Met'가 되어 골렘은 생명을 잃었답니다. 이렇게 태어난 골렘은 유대인들이 사는 곳에서 나쁜 의도로 행동하는 사람들을 물리쳤어요.

이런 골렘에게도 일주일에 한 번은 글자를 지우고 쉬어야 한다는 규칙이 있었어요. 그런데 랍비 로위가 'E'를 지우는 것을 깜빡한 거예요! 갑자기 난폭해진 골렘은 거리로 뛰쳐나가 모든 것을 부수기 시작했어요.

난폭해진 골렘을 멈추게 한 사람은 소녀 미리암이었어요. 미리암은 골렘이 구해 줬던 소녀였지요. 소녀의 순수한 마음 덕분에 골렘은 다시 순해졌어요. 미리암은 골렘의 손을 잡고 성전에 가서 이마의 글자 E를 떼어 냈어요. 이마에 'Met'만 남자, 골렘은 깊은 숨을 몰아쉬며 차갑게 식어 갔답니다.

나의 제자들에게,
골렘을 찾기는 쉽지 않을 거야. 랍비 로위는 또 다른 골렘을 프라하의 시나고그(유대교의 회당) 다락방에 숨기고 문 앞에 벽을 만들었거든. 그 방에는 창문이 있단다.
골렘이 어디 있는지 알아내려면 한 가지 방법밖에 없어.
건물 안쪽에서 문이 없는 방의 창문을 찾으면 돼. 어때, 할 수 있겠니?

키르케

랍비 로위는 "어때, 점점 잠이 오는 것 같니?"라고 물었어요. 골렘은 고개를 끄덕이면서 "네."라고 말하고 싶었지만, 힘이 없어서 그럴 수 없었어요. 로위는 골렘에게 말했어요. "네게 주어진 시간이 다한 것 같구나. 골렘, 네가 자랑스럽다. 넌 구하지 못한 사람이 없잖니. 이제부터 깊고 달콤한 잠에 빠져들 거야. 내 사랑스러운 아들아, 누구도 너를 해치지 못할 테니 아무 걱정 하지 마라. 내가 약속하마."
엘리 위젤(미국의 유대계 작가 겸 교수)

드디어 골렘이 있는 방의 창문을 찾아냈어! 안쪽이 들여다보일 때까지 건물 앞쪽으로 올라갔지. 그랬더니 거기에 골렘이 방 한가운데 서서 잠들어 있었어. 손에 책을 쥐고 말이야. 책은 이 내용이 보이게 펼쳐져 있었어.

아라크네

골렘을 만드는 또 다른 방법

골렘은 프라하의 블타바 강둑에서 얻은 진흙 덩어리를 잘 반죽해서 만든다.
그다음 만든 골렘 주위에 그린 원을 따라 돌면서 주문을 외워야 한다.
한 바퀴씩 돌 때마다 주어진 알파벳 조합을 읊는다.
골렘을 생명이 있는 존재로 만들고 싶다면 시계 방향으로 돌아야 한다.
골렘을 진흙으로 돌아가게 하고 싶다면 시계 반대 방향으로 돌아야 한다.

암무트

암무트(암미트)는 고대 이집트의 사후 세계인 두아트에 살아요. 이곳에서 죽은 사람의 심장 무게를 재어 낙원인 아아루로 보낼지, 벌을 내릴지 정한답니다. 여신인 마아트의 깃털보다 무게가 무거우면 인간 세계에서 죄를 많이 지었다는 판결이 내려져요. 무거운 심장은 암무트의 먹이가 된답니다.

하마의 몸

얼마나 클까요?

이집트

악어의 머리

사자의 발

- 🛡 **신체** : 악어의 얼굴, 앞쪽 몸과 앞다리는 사자, 뒤쪽 몸과 뒷다리는 하마를 닮았어요.
- 🧭 **사는 곳** : 사후 세계 두아트.
- 🔥 **특징** : 악한 사람의 심장을 단번에 집어삼킬 수 있는 치명적인 이빨이 있어요.

사랑하는 나의 제자들에게!
암무트를 찾으려면 이집트에서 죽은 사람들의 흔적을 살펴봐야 한단다. 그 흔적을 좇다 보면 특별한 두루마리를 만날 거야. 이 두루마리는 이집트를 여행하는 사람들에게 큰 도움을 주는 안내서란다. 구하기 쉽지 않고 내용도 복잡해. 바로 '사자의 서(죽은 자의 책)'라는 두루마리야.
고대 이집트에서는 죽은 사람의 관에 미라와 함께 이 두루마리를 넣었어. 두루마리에는 부활 주문이나 기도, 마법 주문 등이 적혀 있단다. 죽은 사람이 사후 세계 두아트로 향할 때 필요한 주문들이야.
이집트의 《사자의 서》는 티베트에서도 볼 수 있어. 티베트의 《사자의 서》에 자주 나오는 '바르도'라는 말 아니? 바르도(Bardo)는 '둘(Do) 사이(Bar)'라는 뜻이 있어. 낮과 밤의 사이인 황혼 녘이며 이 세계와 저 세계의 틈을 가리키지. 티베트에서는 죽은 사람이 환생하기까지 머무는 중간 상태를 '바르도'라고 불러. 그 상태에 머무는 기간이 49일이란다.
너희에게 당부하고 싶은 말이 있어. 이번 탐험에서만은 영혼 세계가 익숙한 하데스를 임시 리더로 뽑아 주었으면 좋겠구나. 또 편지를 써 줄 테니 바스테트(Bastet)가 살고 있는 도시 부바스티스(Bubastis)에도 들러 보렴. 바스테트는 집·고양이·여인들·풍요·출산의 여신이야. 너희도 오래전에 만나 본 적이 있는 내 소중한 친구이기도 하지.
다만 굉장히 예민하니 화나게 할 일은 절대 하지 말도록 해라.
키르케

너희에게 문제를 하나 낼게.
무슨 문제인지 정말 궁금하지?
예전에 고대 이집트에서는
고양이를 어떻게 불렀을까?
정답은 묘우!
아테나

키르케에게 편지를 받고 고양이의 도시 부바스티스에 너희를 초대해서 정말 기쁘구나! 이집트 사람들은 수천 년 동안 고양이들을 섬겼어. 제22대 왕조의 파라오도 도시 전체를 나에게 바치고 싶어 했지. 그건 정말 영리한 생각이었어. 부바스티스에는 나를 섬기는 사원이 있어. 최고의 역사가 헤로도토스는 "이곳은 지상 세계에서 가장 아름다운 곳이다. 이 세상의 다른 어떤 성지도 이에 견줄 수 없다."라고 칭찬했어. 나도 헤로도토스의 의견에 동의해. 나는 여동생 세크메트와 다른 고양이 시종들이 열심히 쥐를 잡으며 관리하는 이곳을 더 깨끗하게 해 주리라 기대하고 있단다. 조만간 너희를 꼭 만나기를 두 발 모아 기다리고 있으마. "간식은 언제나 환영!"이라는 사실도 기억해 주면 좋겠구나.

키르케의 친구, 바스테트

암무트의 이야기

무트는 심장의 무게를 재는 저울 가까이에서 웅크린 채 살아가요. 저울은 죽은 사람들의 운명을 판가름해 주는 잣대랍니다. 죽은 사람의 심장을 저울로 쟀을 때, 마아트의 깃털과 무게가 같으면 죽은 사람은 부활해요. 그가 죽기 전에 인간 세상에서 착하게 살아 왔다는 증거이니까요. 이와 달리 심장의 무게가 깃털보다 무거우면 저승의 신 오시리스가 영원히 사후 세계에 남아야 한다는 판결을 내려요.

죽은 사람들은 심장의 무게를 재기 위해 심판의 저울이 있는 곳까지 험난한 여정을 떠나요. 먼저, 배를 타고 어둠을 지배하는 지옥의 큰 뱀 아포피스들이 위협하는 위험천만한 지하의 강을 지나가야 해요. 이 코스는 심판을 받으러 가는 길에서 절대 피할 수 없어요. 아포피스는 영혼의 심판 길에 오른 이들이 탄 배를 집어삼키기 위해 호시탐탐 노리고 있어요. 모든 어려움을 이겨 내고 어렵게 도착한 이곳에서 살인이나 강도 같은 무거운 죄를 짓지 않았다는 판결을 받아야 해요. 그리고 무게를 재는 저울 위에 심장이 올려진 다음에야 어떤 운명을 맞을지 정해진답니다.

저울에 달아
심장의 무게를 살펴보는 암무트

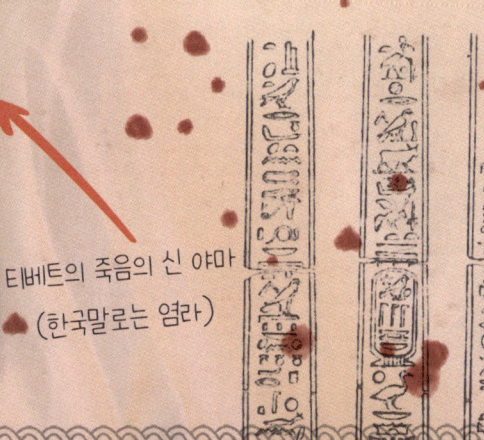

티베트의 죽음의 신 야마
(한국말로는 염라)

용

전 세계에 사는 용(드래곤)은 종류가 다양해요. 날개가 있는 용이 있는가 하면, 없는 용도 있어요. 다리가 넷인 용이 있는가 하면, 둘인 용도 있지요.
용은 서양에서 나쁜 존재로 그려져요. 이와 달리 동양에서는 선하고 좋은 존재로 그려진답니다.

공격을 막는 딱딱한 비늘 →

용의 이야기

용은 착한 용, 나쁜 용, 불을 뿜는 용, 보물을 지키는 용 등 여러 성격과 색이 있어요. 심지어 사람처럼 말할 수 있는 용도 있답니다. 매우 바보 같은 용도 있고 매우 영리한 용도 있어요. 용은 대부분 동굴에서 살아가지만, 모두 동굴에 살지는 않아요.

가장 유명한 용은 성자 게오르기우스가 죽인 용이에요. 어떤 이야기인지 들어 볼까요?
리비아의 도시 시레나의 사람들을 공포에 몰아넣은 나쁜 용이 있었어요. 용은 늪지가 있는 호수에서 살며 독이 서린 입김으로 사람들을 괴롭혔어요.
겁에 질린 사람들은 용에게 제물로 바치던 양이 떨어지자 제비뽑기로 젊은이를 바치기로 했어요. 마침내 왕의 딸을 바칠 차례가 왔답니다.
공주가 용이 사는 호숫가에 서 있을 때였어요. 성자 게오르기우스가 사정을 듣고 호수에서 나온 나쁜 용과 격렬하게 싸웠답니다. 그 끝에 게오르기우스는 용을 물리쳤어요.

시원한 바다를 가를 수도 있고!

우리가 타는 아르고 함선이야.
얼마나 멋있는지 볼래?

아테나

드넓은 하늘을 자유로이 날 수도 있어.

성자 게오르기우스와 악룡

보낸 이 : 최고의 함선, 아르고호
받는 이 : 똑똑하고 용감한 여섯 수호자
제목 : 아르고호의 영웅들과 용에 얽힌 이야기

멋진 수호자 친구들! 나는 여러분이 타고 모험하는 아르고호란다. 나는 아주 오랜 옛날, 나무에 못을 박아 만든 배였어. 배가 어떻게 말할 수 있느냐고? 여신 아테나가 나에게 말하는 능력을 주었거든. 그 뒤 이아손과 전사 50명이 모험을 떠나기 위해 나를 타고 길을 떠났어. 그들은 용이 지키는 황금 양의 털을 찾아야 했거든. 이아손과 전사 50명이 이 임무를 맡은 데에는 사연이 있어. 테살리아의 왕 펠리아스는 조카 이아손에게 왕위를 빼앗길까 봐 두려웠어. 그에게 어려운 임무를 주고 멀리 보내려고 했지. 전사 50명에는 헤라클레스·카스토르·벨레로폰·아틀란타 등 대단한 영웅들이 있었어. 이후 모험을 떠난 이아손의 여정에는 많은 장애가 있었어. 팔이 6개나 달린 괴물, 무시무시한 권투 선수 왕, 하피들의 습격, 희생을 요구하는 죽음의 암벽 등을 영웅들의 능력과 지혜로 통과했지.

마침내 황금 양의 털이 있는 콜키스 왕국에 도착했어. 이아손과 전사들은 아이에테스왕에게 황금 양의 털을 달라고 했어. 보물을 줄 마음이 없었던 왕은 이아손에게 시험을 치르게 했어. 이아손 혼자 사나운 소에게 쟁기를 매게 한 뒤 밭을 갈라는 시험이었어. 문제는 이 소가 뿜는 불이 사람을 불태워 버린다는 것이었지. 이때 이아손에게 반한 왕의 딸 메데이아가 도와주었어. 그녀가 준 마법의 약을 바른 덕분에 이아손은 불에도 끄덕없이 소에게 쟁기를 매어 밭을 갈았지. 그다음은 밭에 용의 이빨을 심어야 했어. 용의 이빨을 심었더니 군사들이 쏟아져 나와 공격하지 않겠어? 메데이아가 준 마법의 돌을 던지자 군사들은 자기들끼리 싸웠어. 마침내 아이에테스왕은 이아손에게 황금 양의 털을 가져가라고 했어. 하지만 뒤로는 몰래 이아손을 해칠 계획을 꾸미고 있었지. 황금 양의 털은 절대 잠들지 않는 '용'이 지키고 있었어. 이아손은 메데이아의 도움으로 용을 잠재운 뒤 황금 양의 털을 가지고 나왔어. 황금 양의 털을 구하기 위해 용을 공격할 필요는 없었거든! 메데이아와 이아손이 지혜롭게 행동한 거야. 그 뒤로도 용은 아주 잘 지내고 있어. 난 가끔 용과 만나기도 해.

유니콘

유니콘은 인도와 중국, 유럽에서 살아가는 신비로운 환상 동물이에요. 대부분 흰색이고 이마 가운데 긴 나선 뿔이 달려 있어요. 뿔은 빨간색이나 흰색으로 바뀔 수 있고 어떤 독도 풀어 주는 약으로 쓸 수 있어요. 뿔을 빼앗긴 유니콘은 죽고 말아요. 마법의 힘을 가지고 태어난 유니콘은 성질이 급한 편이랍니다. 이 탓에 때때로 위험해지기도 해요.

- **신체** : 이마에 긴 뿔이 달린 신비로운 말이에요.
- **사는 곳** : 나무숲과 숲속.
- **특징** : 현명한 데다가 마법의 힘이 있어요.

유니콘의 이야기

유니콘은 힘이 세고 강하지만, 짜증을 잘 부리는 성격이에요. 뿔에는 신비로운 능력이 있어요. 그래서 사람들은 수단을 가리지 않고 이 뿔을 빼앗으려고 해요.

유니콘 사냥꾼에게는 두 가지 사냥 방법이 있어요. 첫 번째는 사자로 잡는 방법이에요. 먼저 사자를 나무 앞에 서 있게 하면 유니콘이 머리를 숙인 채 사자를 향해 거침없이 달려옵니다. 그때 사자를 옆으로 살짝 비켜서게 하면 뿔이 나무기둥에 박혀요. 그다음 움직이지 못하는 유니콘을 잡는 거예요.

두 번째는 더 많이 알려진 방법이에요. 유니콘이 있는 곳에 소녀를 둬요. 경계가 풀린 유니콘은 순해져서 소녀의 무릎 위에 머리를 올리고 잠들어요. 사냥꾼은 이때를 노려 잡는답니다.

유니콘은 대부분 현명하고 마법의 힘이 있어요. 유니콘의 뿔도 이와 같은 힘이 있지요. 독이 든 물을 깨끗하게 할 수 있고 여러 독을 사라지게 할 수 있답니다. 아주 먼 옛날의 기록에서 유니콘의 이마에 달린 뿔에는 마법의 힘이 있는 귀한 보석이 있었다고 해요. 보석이 달린 뿔이 사라지면 모든 능력을 잃어서 죽고 만답니다.

기린은 유니콘과 어디가 다른 것 같아?

메두사

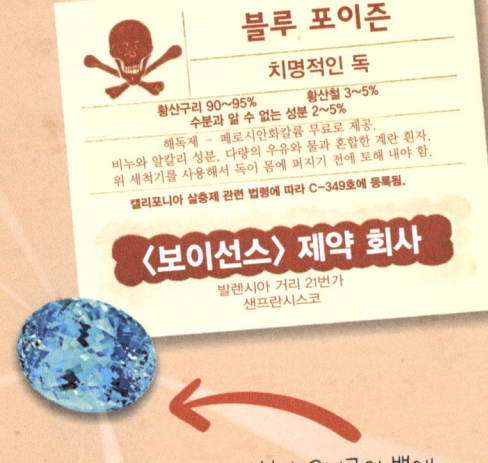

이 보석이 유니콘의 뿔에 있었을지도 몰라!

고래목에 속하는 일각고래의 뿔이야. 더 정확히는 뿔이 아니라 밖으로 나온 송곳니가 자란 엄니이지. 이 엄니는 독을 풀어 주는 효과 좋은 해독제라는 소문이 퍼지기도 했어.

기린

사슴의 몸, 소의 꼬리,
용이나 말의 머리, 이마 가운데에
커다란 뿔이 있는 환상 동물이에요.

기린은 한국과 중국, 일본에서 1000년 이상 살아 왔어요.
악운을 물리치고 행운을 가져온다는 부적으로 쓰이기도 해요.
옛날에는 아기가 태어날 때 기린이 나타나면 아주 좋은 징조라고 봤어요.
아기가 커서 선한 왕이나 현자처럼 위대한 인물이 된다고 믿었거든요.
기린은 거북과 함께 행운을 준다고 알려진 상서로운 동물 가운데 하나예요.
칭기즈칸은 사막에서 기린을 보고 감히 전진하지 못한 채 군대를 거두어 돌아갔답니다.

〈유니콘과 함께 있는 젊은 여인의 초상〉
이 여인에게는 유니콘이 있었어.
이 사실을 어떻게 알고 있냐고?
16세기에 내가 이 여인에게 유니콘을 주었기 때문이지. 말하자면 정말 긴 이야기야.
라파엘로가 그린 이 그림은 로마의 보르게세 미술관에서 잘 보관하고 있어.

키르케

키메라

키메라(키마이라)는 소아시아(아시아 대륙의 서쪽 끝, 흑해·마르마라해·에게해·지중해 등에 싸인 반도)의 리키아 지방에 사는 머리가 셋 달린 환상 동물이에요. 이 녀석은 강한 독성이 있는 불을 입에서 내뿜어요. 고대 히타이트에서는 머리가 셋 달린 키메라를 성스럽게 생각하며 계절을 대표한다고 봤어요. 사자는 봄, 염소는 여름, 뱀은 가을과 겨울로 말이지요.

← 사자의 얼굴

얼마나 클까요?

- 🛡 **신체** : 3개의 머리(사자·뱀·염소)와 사자의 몸을 하고 있어요.
- 💧 **사는 곳** : 산속.
- 🔥 **특징** : 불을 뿜고 매우 위험하며 공격적이에요.

키메라의 이야기

키메라는 반은 사람, 반은 짐승인 괴수 티폰과 에키드나 사이에서 태어난 딸이에요. 사람과 가축을 잡아먹으며 화산처럼 내뿜는 불과 무자비하게 잡아찢는 날카로운 발톱은 공포를 불렀어요.

이 무시무시한 환상 동물은 리키아의 이오바테스왕이 다스리는 마을에서 사람들을 괴롭혔어요. 사람들은 키메라를 매우 위험한 괴물로 여겼지요.

어느 날, 키메라로 골치를 썩이던 이오바테스왕에게 영웅 벨레로폰이 편지를 가져왔어요. 사위인 프로이토스왕이 보낸 편지에는 이 편지를 가져가는 사람을 없애 달라는 부탁이 적혀 있었답니다. 이오바테스왕은 벨레로폰에게 키메라를 죽여 달라고 부탁했어요. 벨레로폰은 예언자를 찾아가서 키메라를 죽일 방법을 물어보았어요.
"날개가 달린 페가수스가 있어야 합니다."

그는 아테나 여신의 도움으로 페가수스를 잡은 뒤 키메라와 격렬히 싸웠어요. 키메라의 두꺼운 피부와 단단한 근육은 공격을 쉽게 막아냈어요. 벨레로폰은 끝에 납을 꽂은 창을 키메라의 입으로 던졌어요. 창이 꽂히자 키메라는 불을 뿜으며 날뛰었어요. 뜨거운 불이 녹인 납이 배 안으로 들어가자 키메라는 마침내 죽고 말았답니다.

> 함부로 덤벼서는 안 돼!
> 정말 다루기 힘든 녀석이라고.
> — 아레스

> 내 조상인 아테나 여신의 활약이라니, 정말 멋져! 벨레로폰이 키메라를 죽일 수 있도록 도와준 데에는 키르케 님이 조언하셨기 때문이라고 해.
> — 아테나

페가수스(위)와 키메라(아래)가 그려진 황금 바퀴

기억하렴!

심해에 사는 유령상어는 쥐의 꼬리, 토끼의 이빨, 포유류의 콧구멍, 고슴도치의 가시 등이 있어. 이렇게 여러 동물이 합쳐진 모습 때문에 '키메라'라고도 불려.

키메라는 건축물을 꾸밀 때 쓰는 조형물(대부분 동물의 형상을 한다)로 쓰이기도 해. 노트르담 성당을 장식한 키메라 석상은 빗물받이에 고인 물이 벽으로 흐르지 않고 옆으로 떨어지게 하는 역할을 했어.

키메라는 노래 제목으로도 쓰였어. 스페인 가수 알바 레체의 노래 〈Quimera〉는 환상 동물 키메라에서 따온 제목이야. 이는 절대 이룰 수 없는 꿈이나 환상을 뜻하지.

키메라를 표현한 가장 유명한 작품은 〈아레초의 키메라〉란다. 에트루리아 시대에 만들어진 청동 조각상이야. 1553년, 이탈리아의 아레초에서 이 조각상이 발견되었어. 피렌체의 고고미술관에 가면 이 작품을 볼 수 있어.

궈르케

펜리르

펜리르는 반강 근처의 어딘가에 묶여 있는 아주 커다란 늑대예요. 반강은 펜리르가 흘린 침과 피가 물줄기의 근원이 되어 흐르는 강이에요. 이 녀석은 북유럽의 신과 여자 거인 사이에서 태어나 사람의 말을 할 수 있어요.

크고 강한 몸

- 🛡 **신체** : 어마어마한 몸집을 자랑하는 늑대예요.
- ⛩ **사는 곳** : 반강 근처.
- 🔥 **특징** : 사람처럼 말할 수 있고 마지막 순간에는 몸집이 더욱 커져서 신들도 집어삼킬 거예요.

펜리르의 이야기

펜리르는 로키와 앙그르보다 사이에서 태어났어요. 아버지 로키는 속임수와 장난의 신이에요. 어머니는 매우 똑똑하고 환상 동물들과 이야기할 수 있는 여자 거인이에요.

북유럽 신들의 아버지인 오딘은 펜리르가 그를 죽이리라는 예언을 듣자 불안해졌어요. 그는 펜리르를 잡아들인 뒤 사슬로 꽁꽁 묶어 버렸어요. 한데, 펜리르가 첫 번째 사슬인 로드힌과 두 번째 사슬인 드로미를 쉽게 끊어 버리지 않겠어요? 고민에 빠진 오딘은 난쟁이에게 우주의 보이지 않는 성분으로 마법의 줄 글레이프니르를 만들게 했지요. 글레이프니르의 재료는 고양이 발자국 소리와 여자의 수염 털, 곰의 힘줄, 물고기의 숨소리, 새의 침이었어요. 만들어진 글레이프니르는 가느다랗고 비단처럼 부드러웠지만 어떤 쇠고랑보다 튼튼했어요. 쉽게 사슬을 끊은 펜리르는 자신감에 넘쳐 글레이프니르를 우습게 봤어요. 결국 마법의 줄을 끊지 못했어요. 꽁꽁 묶여 커다란 위턱과 아래턱에 창이 꽂힌 뒤 입을 다물지 못한 채 매달려 있어야 했답니다. 펜리르는 라크나로크에 풀려날 거예요. 이날은 어둠의 세력과 빛의 세력이 전투를 벌여 세상에 종말이 오는 날이에요. 라그나로크에 입을 벌린 펜리르는 아래턱이 땅에 닿고 위턱이 하늘에 닿아서 오딘을 삼켜 버릴 거예요.

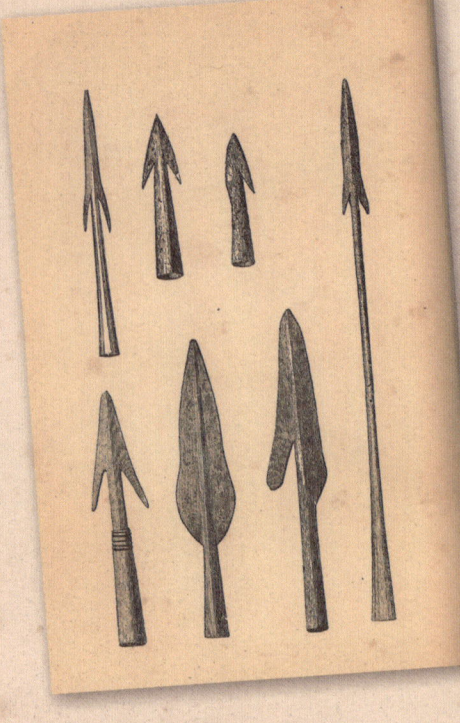

펜리르는 이 무기들 가운데 무엇을 선택할까?

아레스

펜리르는 마법의 줄 글레이프니르를 끊어 버리는 데 실패했어. 힘센 아레스도 성공하지 못할 거야!

아라크네

펜리르에게 가면, 새 창을 골라 보라고 하렴. 입에 꽂힌 창이 꽤 오래돼서 녹슬었을 테니 말이야. 펜리르는 어마어마하게 큰 몸집의 늑대라 의사소통하려면 여러 가지를 신경 써야 해. 먼저 녀석이 볼 수 있는 아주 커다란 표지판이 있어야겠지? 그래야만 표지판의 글씨를 보고 이해했는지 알 수 있을 거야.

키르케

오딘

덧붙이며.
내가 깜빡했네! 커다란 표지판에
글을 적을 때 반드시 '룬 문자'로 써야 해.
내가 오른쪽에 룬 문자들을 적어 둘 테니 잘 익혀 두렴.
그렇지 않으면 무슨 말을 하는지 알아듣지 못해서
펜리르가 화를 낼 테니까.
그건 기분 좋은 일은 아니잖니.

이제부터 여자아이들에게 메시지를
보낼 때는 룬 문자로 써서 보내야겠어.
바람둥이 아레스가
읽지 못할 테니까······

메두사

➡ 정답은 155쪽에서 확인하세요.

전설과 신화 속 몬스터를 찾아서

3 땅의 환상 동물

다후

다후(다르쿠)는 이탈리아에 있는 발레다오스타주와 트렌티노-알토-아디제주의 산에 사는 환상 동물이에요. 이 녀석은 피레네산맥의 봉우리에서도 나타났어요. 다후는 긴 다리 2개와 짧은 다리 2개가 있어서 비탈길에서는 한 방향으로만 걸을 수 있어요. 오른쪽 발이 길면 오른쪽 방향으로, 왼쪽 발이 길면 왼쪽으로만 갈 수 있지요.

다후의 알

짧은 다리

- **신체** : 샤모아(산양의 일종)와 비슷하게 생겼지만, 다리 2개는 짧고, 다리 2개는 길어요.
- **사는 곳** : 산속.
- **특징** : 알을 낳는 포유동물이에요.

다후의 이야기

다후는 선사 시대에 다 사라져 버려서 기원을 찾기 어려워요. 그렇지만 핀란드의 도시 쿠사모에 있는 줄마-올키 바위에 새겨진 그림으로 알 수 있다는 사람도 있어요.

다후는 오리너구리처럼 알을 낳는 포유동물이에요. 알이 아주 맛있다는 소문 탓에 나쁜 사냥꾼들은 다후의 알을 호시탐탐 노린답니다. 다후를 잡기는 어렵지 않아요. 다리의 길이가 서로 달라서 언제나 한 방향으로밖에 갈 수 없고 몸놀림이 좋지 못하거든요.

못된 사냥꾼들은 이 특징을 이용해서 뒤를 쫓으며 소리를 지르거나 호루라기를 불어 몰아넣어요. 계속 몰다 보면 한쪽 다리가 짧은 다후는 발을 디디지 못해서 비탈 아래로 굴러 떨어지고 만답니다.

다후에게는 이런 이야기도 전해져요. 둘 다 같은 방향으로 걷던 다후 두 마리가 아주 좁은 길에서 만났어요. 둘은 모두 되돌아갈 수 없었고 어느 한 마리도 떨어져 죽고 싶지 않았어요. 결국 한쪽이 굶어 죽을 때까지 서로 마주 보고 서 있었다는 우스꽝스러운 이야기예요.

산간 지방의 관광이 점점 활발해지면서 다후는 멸종 위기에 처하고 말았어요. 그리고 사람들이 접근하기 어려운 곳을 찾아 그들만이 아는 피난처를 몰래 만들었답니다.

안구아네 요정

파네스 산장

사랑하는 제자들아, 너희가 이탈리아 북쪽에 있는 돌로마이트(순수 석회암과 칼슘, 마그네슘, 카보네이트가 층을 이루면서 만들어진 암석)산맥을 지난다면 내 친구 안구아네 요정에게 안부를 전해 주렴. 개울 근처를 주의 깊게 살펴본다면 안구아네를 찾을 수 있을 거야. 어쩌면 너무 예뻐서 알아보지 못할지도 모르겠구나. 안구아네는 이제껏 살아오면서 본 적이 없는 미모의 요정이니 말이야! 흥미로운 사실을 알려 줄까? 만나 보면 알겠지만, 안구아네에게는 암탉과 오리, 염소와 같은 발이 있단다.

덧붙이며.
그 근처에 사는 '마자롤'이란 사람에게는 가지 않도록 해라. 너희를 동굴로 데려간 다음, 흑염소의 젖을 마시게 할 게 분명하거든. 그게 왜 문제냐고? 흑염소의 젖을 마시면 머릿속에 있는 모든 기억이 사라지고 말아. 이름조차도 기억하지 못할지도 모른단다. 부디 너희의 모험을 망쳐 버리지 않도록 조심했으면 좋겠구나! 마자롤의 발자국이 찍힌 곳에 너희 발을 내딛는 순간 곧바로 그의 집으로 끌려가고 말 테니.

키르케

마멋들이 회의하는 곳

휴, 디오니소스가 갑자기 사라졌다 다시 돌아왔어! 녀석은 계곡에 있는 비밀스러운 동굴에서 산다고 알려진 파네스 사람들의 왕국을 찾았나 봐. 그러다가 우연히 마밋(쥐목 다람쥣과 마멋속에 속하는 포유류)들이 회의하는 곳에 갔었대. 그곳에 사는 마멋은 파네스 사람들의 친구라고 하더라고. 내 생각에 이 소식은 키르케 님께서 좋아할 것 같아.

아라크네

만드라고라

만드라고라(맨드레이크, 만다라케)는 사람과 비슷하게 생긴 식물이에요. 오래전부터 유럽과 아프리카 곳곳에서 살았어요. 이 식물에게는 갖가지 마법의 힘이 있어요. 환각을 일으켜서 사랑에 빠지게 하고요. 사람을 동물로 바꾸거나 정신병을 일으키게 할 수 있어요. 또 아픈 사람을 낫게 하거나 독을 없애 주기도 한답니다.

얼마나 클까요?

죽음을 부르는 울음소리

- 신체 : 인간과 비슷한 모습의 식물이에요.
- 사는 곳 : 땅 위.
- 특징 : 울음소리는 치명적이에요. 인형처럼 옷을 입혀 정성스럽게 받들면 여러 능력과 행복을 가져다줘요.

만드라고라의 이야기

만드라고라에게는 신비한 능력이 있어요. 환각을 일으키거나 정신 이상에 걸렸을 때, 만드라고라를 먹으면 치료할 수 있지요. 만드라고라를 얻기는 쉽지 않아요. 당근을 뽑을 때처럼 땅에서 무심코 뿌리째 뽑으면 만드라고라의 시끄러운 울음소리가 퍼지거든요. 이 소리를 들은 사람은 정신이 이상해지거나 죽을 수 있어요.

만드라고라에게 자극을 주지 않고 순식간에 땅에서 뽑는 방법은 개를 이용하는 거예요. 조금 잔인할 수 있으니 주의하세요. 먼저 만드라고라가 묻힌 주변의 흙을 파내요. 드러난 뿌리에 개 목줄의 손잡이를 잇습니다. 만드라고라가 뽑히기 전에 조금씩 들리는 울음소리를 막도록 귀마개를 해요. 그리고 멀리 떨어져서 개를 불러 사람들이 있는 쪽으로 뛰어오게 해요. 강한 힘으로 뽑힌 만드라고라가 크게 비명을 지르면 그 소리를 들은 개가 사람 대신 희생한답니다.

니콜로 마키아벨리는 희곡 《만드라골라》를 썼어요. 희곡에는 아이를 갖지 못한 부부에게 임신이 잘 되게 하는 약으로 만드라고라를 쓴다는 이야기가 있어요. 슬프게도 이건 아름다운 아내에게 한눈에 반한 주인공 귀족 청년의 속임수였지만요.

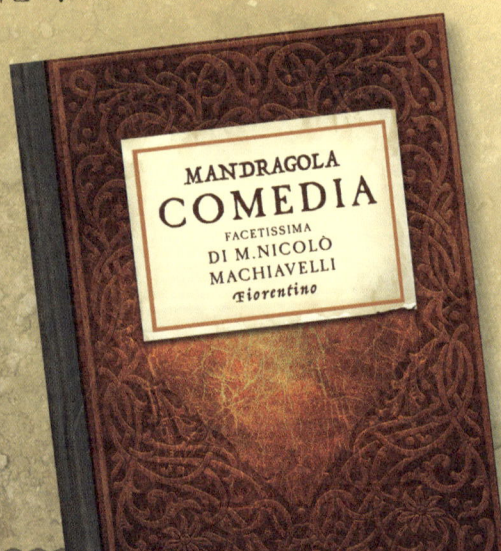

키르케 님에게 1524년에 출간한 《만드라골라》 초판본이 있어. 마키아벨리가 직접 글귀도 써 주고 서명도 해 줬대!

아테나

88

연금술

가장 신성한 가르침은 믿을 수 있는 몇몇 사람에게만 전해졌어요.
이 가르침에는 재료들을 잘 섞어 금을 만드는 '연금술'이 있어요.
뒤섞은 재료를 점점 바꾸어 금으로 만든다는 것이었지요.
금을 얻으려면 네 단계를 거쳐야 해요.
첫 번째, 재료들을 뒤섞는 단계예요. 재료를 녹이면 색이 점점 옅어진답니다.
이 단계를 상징하는 동물이 '까마귀와 두꺼비'예요. 두 번째, 녹여서 순수해진 재료들을 잘 배치해요.
이 단계를 상징하는 동물이 '백조'랍니다. 세 번째, 배치한 재료들을 다시 모아 바꾸는 단계입니다.
이 단계를 상징하는 동물이 '녹색 사자와 공작의 꼬리, 무지개'예요.
네 번째, 재료를 변환하면 금이 됩니다. 이 단계는 '수탉, 장미' 등이 상징해요.
연금술에서 꼭 필요한 재료는 납·수은·수정·다이아몬드 등이에요.
만드라고라는 먼 옛날 연금술의 전설적인 창시자로 알려진
헤르메스 트리메기스투스의 선물이에요.

연금술사들은 기이했지만, 호감이 가는 사람들이었어.
난 최초의 여자 연금술사 '마리아'와 친하게 지냈지.
유대인 여자로서 고대 이집트에 살던 마리아는 화학
도구도 만들고 염산을 맨 처음 찾아냈어. 솜씨 좋지?
아쉽게도 이 모두는 사라져서 찾아볼 수 없지만
말이야. 마리아가 만든 증류기(혼합 액체를 분리해 순수한
액체를 얻게 해 주는 장치)는 오늘날 위스키와 브랜드를
만들 때 쓰고 있어.
마리아는 연금술 실력도 좋았지만 다른 실력도 좋았어.
환상적인 맛을 자랑하는 디저트를 잘 만들었거든!
디저트의 백미는 마리아만의 독특한 비법으로 만든
크림이었지.

키르케

만티코어

전갈의 꼬리

만티코어(마르티코라스)가 인도에 사는지, 유럽에 사는지 정확한 정보는 없어요. 그렇지만 매우 위험한 괴물이라는 점은 아주 분명한 사실이에요.

🜂 **신체** : 인간의 머리와 사자의 몸 그리고 전갈의 꼬리가 있어요. 밝은 얼굴과 푸른 눈이 있어요.

🜂 **사는 곳** : 인도와 에티오피아.

🜂 **특징** : 30센티미터 길이의 핀처럼 생긴 독 가시를 날릴 수 있어요. 또 아름다운 선율로 노래할 수 있어요.

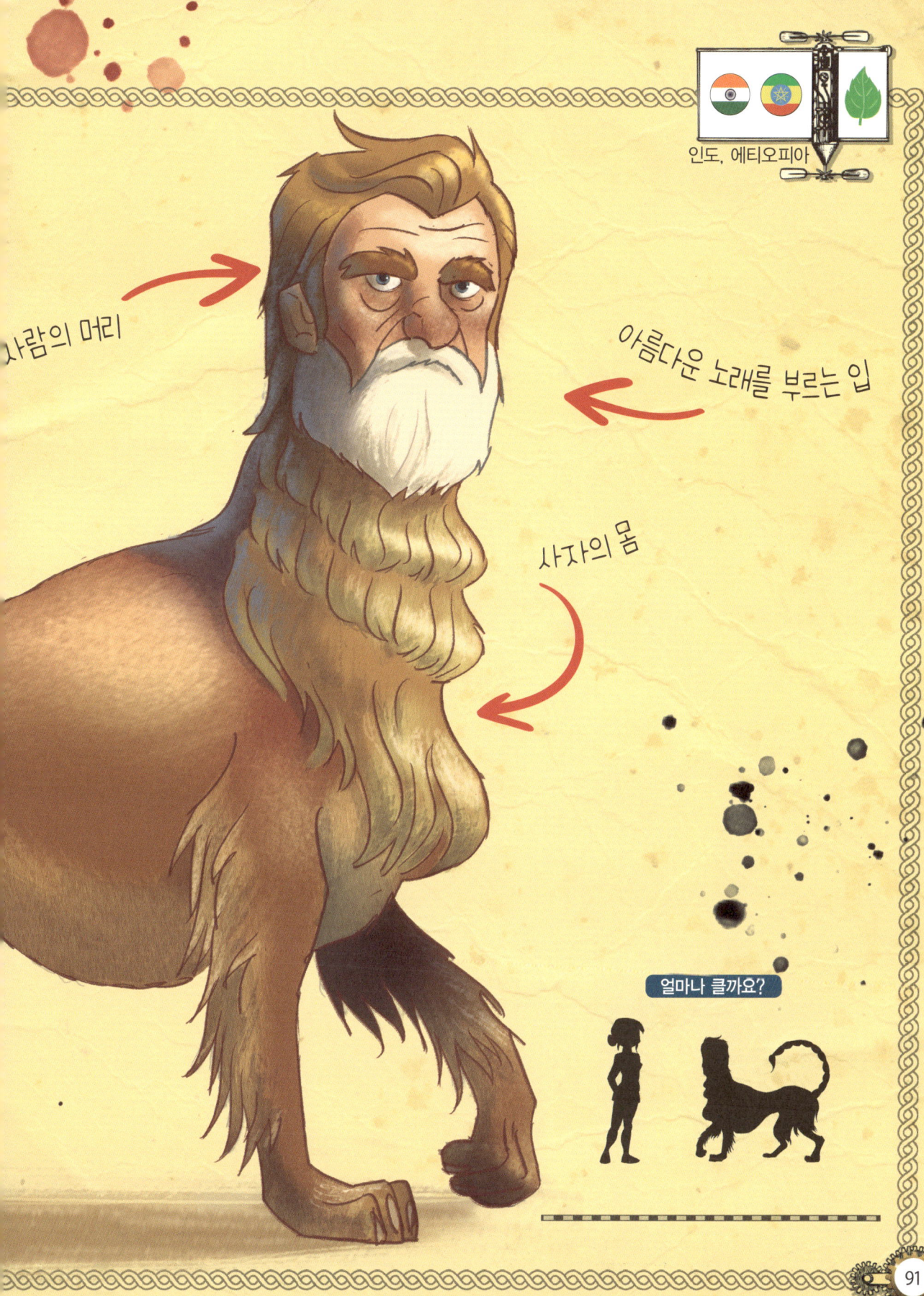

나의 제자들에게,

만티코어는 '걸어 다니는 노래 상자'라고 해도 과언이 아니란다. 음악을 위해 태어난 녀석이라고 할 수 있지. 만나러 간다면, 만티코어는 너희에게 멋진 콘서트를 열어 줄지도 몰라. 아름다운 목소리를 들을 수 있는 흔치 않은 기회이니 너희가 다른 친구들을 초대해 주면 정말 좋겠구나. 그들을 데려올 때 알아두면 좋을 이야기를 해 주마.

1) 암피스바에나는 머리가 2개 달린 뱀이란다. 하나는 머리 쪽에, 다른 하나는 꼬리 쪽에 달려 있지. 이 녀석은 저녁에도 환하게 비출 수 있을 만큼 밝은 눈이 4개나 있어. 또 한쪽 뇌가 잠들어도 다른 한쪽은 깨어 있을 수 있어. 암피스바에나를 만나면 신경을 건드리지 말도록 해라. 머리 2개에 달린 입으로 확 물어 버리면 큰일 날 테니.

2) 그라오그라만은 커다란 사자란다. 독일의 동화 작가 미하엘 엔데가 쓴 《끝없는 이야기》에 나오는 끔찍한 환상 동물이야. '그라오그라만'이라는 이름은 '다채로운 죽음'이라는 뜻이 있어. 바실리스크처럼 어디든 사막으로 만들 수 있어. 녀석이 있는 곳에는 어떤 생명체도 살아남을 수 없지. 이런 점이 문제라고 생각하니? 해가 지면 죽었다가 아침이 오면 다시 살아나니 걱정할 필요는 없어! 그라오그라만이 깨어날 때는 콘서트가 이미 끝난 후일 테니까.

3) 머리가 없는 블레미에스는 에티오피아에서 살아. 눈은 어깨 사이에 있지. 더러운 성격으로도 악명 높은 괴물이야. 무턱대고 누구든 못살게 구는 이 녀석은 스키아포데스(그리스 신화에 나오는 동방의 민족)를 특히 더 괴롭혀. 만티코어는 블레미에스가 친절하다고 하는데 솔직히 걔네들을 초대해야 할지 판단이 잘 서지 않는구나. 여하튼 조심하렴!

4) 스키아포데스는 커다란 발 하나만 있는 괴물이란다. 이들의 발은 햇빛을 가리는 양산과 같아. 스키아포데스는 콘서트가 시작하기 전에 연주회장 밖에서 기다려도 신경 쓰지 않을 거야. 블레미에스와 어울리기 몹시 싫어할 테니 말이야.

암피스바에나

참, 가장 중요한 정보를 빠트릴 뻔했구나. 만티코어는 이랬다저랬다 변덕이 심해. 가끔 친절하게 대하다가도 마음에 들지 않으면 한입에 꿀꺽하거든! 그러니 조심, 또 조심하길!

키르케

만티코어의 이야기

만티코어는 동물과 사람을 모두 먹는 환상 동물이에요. 아름다운 얼굴과 푸른 눈으로 먹잇감을 유혹한답니다. 먹잇감을 유혹하지 못하면, 아름다운 선율로 노래하면서 먹잇감 사냥에 다시 도전해요.

만티코어는 전갈의 꼬리를 빙빙 돌리면서 독 가시를 사방에 쏘며 싸워요. 이런 방법을 쓰면 여러 곳에서 누가 공격해 오더라도 걱정 없어요. 단, 독에 면역이 있는 코끼리는 만티코어의 독에도 죽지 않아 이길 수 없어요. 인도에서는 만티코어를 사냥할 때 코끼리를 이용해요. 맨 앞에 코끼리를 세워 두고 사냥꾼들이 그 뒤에서 화살을 쏘아 만티코어를 공격한답니다.

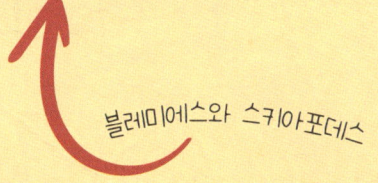
블레미에스와 스키아포데스

알렉산더대왕은 마케도니아(그리스 반도의 가장 북쪽에 있던 고대 왕국)의 위대한 지도자였어요. 그는 인도로 긴 여정을 떠나는 동안 온갖 괴물을 만나고 불가사의한 일도 많이 겪었어요. 머리와 얼굴이 없는 이상한 괴물을 섬기는 만티코어의 군대와 맞닥뜨린 적도 있었어요. 그때 강한 만티코어의 군대와 불꽃 튀는 전투를 벌여 가까스로 물리쳤답니다. 그 당시에 승리를 축하하는 성대한 행사가 열렸을 텐데…… 만티코어의 아름다운 노래가 들리지 않았을까요?

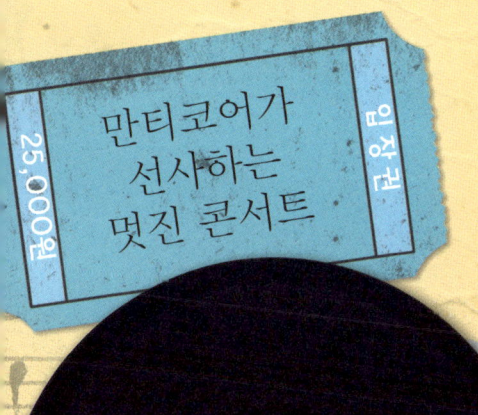

만티코어가 선사하는 멋진 콘서트 — 입장권 25,000원

콘서트에서 부를 만티코어의 히트곡

1. 짐 리브스의 〈슈퍼타임〉
2. 아치스의 〈슈가 슈가〉
3. 거트루드 로렌스의 〈커피 한 잔과 샌드위치, 당신〉
4. 비스티 보이즈의 〈에그맨〉

맘몬

맘몬(마몬)은 유럽 곳곳에서 살고 있는
몸집이 아주 커다란 고양이예요.
이 고양이가 마법의 힘을 받았다는
이야기가 있어요. 맘몬이 가장 좋아하는 먹이는
떼를 지어 있는 '무리'랍니다.
맘몬은 동물들을 공격해서 뼛조각도 남기지 않은 채
갈기갈기 찢어 버리기도 해요.
특징을 보면 험악한 고양이 같은데
사실은 유순한 성격이라는
이야기도 있어요.

매우 긴 꼬리

유럽

가끔 얼굴에 나타나는 M 자 모양

유연한 목

얼마나 클까요?

날카로운 발톱

- 🧍 **신체** : 야생에 사는 커다란 고양이예요. 주둥이 부분에 흰색 M 자 모양이 있어요.
- 🌿 **사는 곳** : 어두운 곳.
- 🔥 **특징** : 울음소리는 사납게 울부짖거나 야옹야옹 하는 소리의 중간이에요.

❦❦❦ 크고 힘센 환상 고양이들의 이야기 ❦❦❦

카스팔루그는 웨일스에 사는 거대 고양이예요. 독수리와 늑대가 형제랍니다. 이 환상 동물은 영국 곳곳을 두려움에 떨게 했어요. 용맹한 전사들을 많이 죽였거든요. 끝내 아서왕의 기사인 카이에게 최후를 맞았지만요.

바케네코는 일본에 사는 거대 고양이예요. 뒷다리로 똑바로 서서 다니며 불을 내뿜고 사람으로 변신하는 능력이 있어요. 바케네코는 생선 기름을 쓰는 오래된 종이 등불을 좋아해요. 이 등불을 종종 훔쳐서 기름을 핥아 먹곤 해요.

마타고트는 프랑스에 사는 주인 없는 고양이예요. 검은 고양이의 모습을 한 이 환상 동물은 로스트 치킨을 가져다주거나 잠자리를 봐 주는 사람들에게 금화와 행운을 가져다준다고 해요. 영화 〈신비한 동물 사전 - 그린델왈드〉에서 마타고트와 비슷한 환상 동물이 나왔답니다.

스플린터캣은 미국의 오리건주 숲속에 사는 고양이예요. 이 고양이가 가장 좋아하는 취미는 머리로 나무를 들이받은 다음 먹이를 찾는 것이에요. 이 괴팍한 취미 때문에 스플린터캣은 심각한 두통을 앓아요. 어쩌면 이 두통 때문에 성질이 고약한지도 몰라요. 어디선가 쿵 소리가 나면 스플린터캣을 의심해 보세요.

왐퍼스는 애팔래치아산맥의 기슭에서 살아가는 고양이예요. 미국 원주민들 덕분에 세상에 알려졌어요. 원래 이 고양이는 소녀였어요. 어떤 마법사의 비밀스러운 의식을 몰래 조사하려고 고양이로 모습을 바꿨지요. 왐퍼스는 믿기 힘들 만큼 빠르고 강하답니다. 노란색 눈에는 최면의 힘이 있다고 해요.

율캣은 아이슬란드에 살며 크리스마스이브에 입을 옷을 받지 못한 사람들을 잡아먹는 고양이예요. 이 고양이는 크리스마스(12월 25일)와 공현 대축일(1월 6일, 동방 박사들이 아기 예수를 만나러 베들레헴을 찾은 것을 기리는 날) 사이에 아이슬란드의 마을로 내려와, 문을 부수고 우유를 훔쳐가는 괴물 욜라스베이나르 가운데 하나예요.

맘몬의 이야기

이탈리아의 시칠리아(노란색)와 사르데냐(초록색)

맘몬은 이탈리아를 포함한 많은 나라의 전설에 나와요. 시칠리아와 사르데냐(이탈리아 코르시카섬의 남쪽에 있는 섬)에서 맘몬을 본 사람도 많고요. 이탈리아 작가 디노 부차티는 1968년에 이 고양이가 도시 벨루노에 나타나는 바람에 조용히 풀을 뜯던 소가 깜짝 놀랐다고 이야기했어요.

맘몬이 끔찍하고 무서운 고양이라는 사람들이 있어요. 이와 달리 지혜롭고 착한 고양이라고 하는 사람들도 있고요.

잘 알려진 맘몬의 이야기 가운데 하나는 두 딸이 있는 어머니의 이야기예요. 어머니는 아름다운 외모와 착한 마음씨를 가진 첫째 딸 캐서린을 미워했어요. 항상 찡그린 얼굴에 성질이 괴팍한 둘째 딸만 예뻐했지요.

어머니는 캐서린을 함정에 빠트리고 싶었어요. 그녀를 요정에게 보내 밀가루 체를 훔치도록 했지요. 요정들이 캐서린에게 복수해서 못생긴 여자로 바꿔 주길 바랐거든요. 그런데 예상과 반대로 일이 벌어졌어요.

캐서린은 집에 사는 새끼 고양이들에게 친절하게 대해 주곤 했어요. 요정들과 함께 살던 맘몬은 새끼 고양이들의 이야기를 듣고 캐서린에게 밀가루 체를 주었어요. 또 마법을 부려서 착한 사람에게 보상으로 주는 금색 별이 이마에 나타나게 해 주었지요.

어머니는 둘째 딸에게도 특별한 금색 별을 주고 싶었어요. 어머니의 꾀에도 둘째는 못된 성격 탓에 이마에 원숭이 꼬리가 달리고 말았답니다. 이야기의 결말은 어떻게 되었냐고요? 캐서린은 왕자와 결혼해서 행복하게 살았지만 나쁜 어머니와 둘째 딸은 어디론가 사라지고 말았어요.

《이상한 나라의 앨리스》의 체셔 고양이가 사실은 맘몬이라면?

아테나

미노타우로스

미노타우로스는 크레타에 사는 몬스터예요. 반은 사람이고 반은 소의 모습이지요. 바다의 신 포세이돈이 보낸 잘생긴 흰 소와 크레타의 왕비 파시파에 사이에서 태어났어요. 해가 지나갈수록 점차 난폭해진 미노타우로스는 누구도 통제하지 못해 미궁에 갇혔답니다. 이 미궁은 위대한 건축가이자 발명가인 다이달로스가 만들었어요.

얼마나 클까요?

사람의 몸

- 🧍 **신체** : 반은 사람, 반은 소예요.
- 🏠 **사는 곳** : 그리스 크노소스의 미궁.
- 🔥 **특징** : 매우 폭력적이어서 위험한 존재예요.

유명한 미로 건축물

❋ 이탈리아의 도시 라벤나에 있는 산비탈레 성당에 미로가 있어요. 이 미로는 예루살렘으로 성지 순례를 떠날 돈이나 시간이 없는 사람들을 위해서 지었어요. 사람들은 신실한 마음으로 미로의 길을 따라가면서 밟았던 자리로 다시 돌아가지 않고 나오면, 죄를 용서받을 수 있다고 믿었어요.

❋ 이탈리아의 또 다른 도시 키우시에는 에트루리아의 유명한 포르세나왕의 무덤이 있어요. 그곳에도 매우 복잡한 미로가 있답니다. 무덤 지하에는 수많은 방이 복잡하게 이어져 있어요. 거기에는 황금 말 네 마리가 끄는 마차와 값비싼 보물, 묘비와 황금 병아리 5,000마리, 수탉이 묻혀 있답니다.

❋ 세상에서 가장 커다란 미로는 이탈리아 파르마 지방의 폰타넬라토에 있어요. '라비린토 델라 마소네'라 불리는 이 미로 정원은 약 8만 제곱미터 넓이로 뻗어 있고 높이가 30센티미터에서 15미터에 이르는 대나무 20만 그루로 둘러싸여 있답니다.

❋ 스칸디나비아의 섬에는 돌로 만든 미로가 해변가에 있어요. 바다에서 일하는 어부들을 위해 바다의 악령이나 악풍들을 이 미로에 가두어 두었다고 전해져요.

미노타우로스의 이야기

호르헤 루이스 보르헤스는 뛰어난 미로 전문가이자 작가예요. 그는 "세상에서 가장 위대한 미로는 이 세상 자체이다."라고 말했어요.

악한 미노타우로스는 누구의 말도 듣지 않아서 수많은 방으로 가득한 미궁에 갇혔어요. 복잡한 미궁에서 빠져 나오지 못하자 이를 갈며 분을 삭이고 있었지요.

미노스왕은 아들을 죽인 아테네 사람들에게 복수하려고 일으킨 전쟁에서 승리했어요. 해마다 아테네에서 소년과 소녀 각각 7명을 데려와 미노타우로스에게 먹이로 주었지요. 아테네의 왕자 테세우스는 이 끔찍한 상황을 보고만 있을 수 없었어요. 미노타우로스를 죽이기로 마음먹은 거예요! 그러고는 제물이 될 소년으로 지원하여 길을 떠났어요.

미노스왕의 딸 아리아드네는 테세우스를 보자마자 한눈에 반했어요. 미노타우로스를 죽일 수 있도록 테세우스에게 독이 묻은 칼을 준비해 주었고요. 또 미궁에서 길을 잃지 않고 빠져나올 수 있도록 실타래도 주었답니다. 아리아드네 덕분에 테세우스는 미노타우로스를 죽이고 미궁을 빠져나올 수 있었어요.

아리아드네가 테세우스에게 주었던 붉은 실

판타스틱 미궁 탐험
환상의 크레타

가장 오래된 미로는 크레타에 있던 크노소스의 라비린토스(Labyrinthos)예요. 미로의 영어 단어 'Labyrinth'도 여기에서 따왔지요. 미노타우로스를 가두려고 지은 크노소스의 미궁은 지금은 아무런 흔적도 남아 있지 않답니다.

예티

예티는 '설인'이나 '혐오스러운 눈사람'으로 불려요. 히말라야산맥의 황량하고 눈 덮인 정상 근처에서 숨어서 살아가지요. 그곳은 '예-테'라고 불려요. 바위나 바위로 덮인 사막 지대를 뜻하는 '예(Yeh)'와 곰을 뜻하는 '테(Teh)'가 더해진 말로 '바위 곰'이라는 뜻이에요. 예티는 사람과 원숭이의 중간 모습이에요. 이 둘보다 더 몸집이 큰 데다가 꼬리가 없고 새하얀 털은 두꺼워요. 수줍음 많은 성격이지만, 신경이 거슬리면 위협적으로 변하기도 해요. 먹이는 이끼와 같은 식물이랍니다.

얼마나 클까요?

- **신체**: 사람과 원숭이의 중간이지만 몸집은 훨씬 커요.
- **사는 곳**: 동굴.
- **특징**: 부끄럼을 많이 타지만 위협적인 존재로 변하기도 해요.

눈 속에서 위장하기 좋은 하얀색 털

예티의 이야기

히말라야산맥을 여행했던 유럽의 탐험가는 자신의 나라로 돌아가서 다음과 같은 이야기를 사람들에게 전했어요.

"히말라야산맥에는 아주 커다란 생명체가 살고 있소. 그 생명체는 나타났다가 눈사태나 안개 사이로 갑자기 사라지기도 한다오. 생명체가 떠난 곳에 보통 사람의 4~5배나 되는 아주 커다란 얼음 발자국이 남아 있었소."

'요한 쉴테베르거'라는 사람이 한 이 증언으로 예티의 존재가 세상에 드러났어요. 1407년 그는 투르크 군대에 포로로 잡혀 몽골의 감옥으로 끌려갔어요. 돌아올 때 "그 산에 인간이 아닌 커다란 괴물이 살고 있었소. 얼핏 보면 야생에 사는 남자처럼 보이기도 하더군요."라고 말했어요.

이후 수세기 동안 세계의 눈 덮인 고산 지대에서 예티를 봤다는 증언이 계속 전해졌어요. 사람들은 눈 속에 남아 있는 발자국을 사진으로 찍기도 했고요. 티베트의 수도원에서는 예티의 머리뼈로 보이는 뼈를 보관하기도 했어요. 이외에도 많은 산악인이 예티를 보았다고 증언하기도 했답니다.

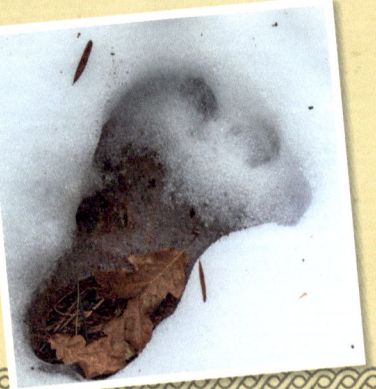

고대 몽골의 지도

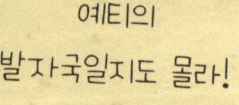

예티의 발자국일지도 몰라!

티베트의 다리

세계의 설인, 난투극을 벌이다!

이탈리아에서 전하는 특파원 소식

이탈리아의 도시 볼차노의 호텔에서 희망찬 한 해를 기원하는 회의가 열렸습니다. 이 회의를 연 사람은 발텔리아에서 온 셀반이었습니다. '숲의 남자'로 불리는 셀반은 손과 발, 얼굴을 빼고 모두 털로 뒤덮인 설인이었습니다. 그는 전 세계에서 온 설인들을 반갑게 맞이했습니다. 그리고 여기저기에서 웅성거리는 참석자들의 시선을 한곳으로 모으기 위해 테이블을 지팡이로 치면서 연설을 시작했습니다.

불행하게도 연설 도중에 흥분을 가라앉히지 못한 셀반은 미국 대표인 빅 풋(사스콰치)을 지팡이로 치고 말았습니다. 빅 풋은 키가 무려 3미터였고 몸집은 고릴라만큼이나 커다란, 북아메리카에서 온 설인이었습니다. 그는 셀반이 하는 변명을 달갑게 여기지 않았던 터라 분위기는 점점 더 나빠졌습니다. 셀반이 무대 위에서 일으킨 작은 오해는 바로잡을 수 없는 상황에 이르고 말았습니다. 이 사건에는 오스트레일리아에서 온 요위, 몽골에서 온 알마스티, 브라질에서 온 마핑과리(마핀구아리)까지 엮여 있었습니다. 요위는 다부진 몸에 물건을 잡을 수 있는 손가락이 있었어요. 알마스티는 특이한 아몬드 모양 눈이 있었어요. 악취 때문에 '구린내 야수'라 불린 마핑과리는 특이한 송곳니가 있었습니다.

이 글을 쓰고 있는 지금도 설인들끼리 싸우고 있습니다. 호텔에 있는 시설물이나 건축물은 튼튼하지만, 이들의 싸움으로 지진이 생긴 듯 흔들리고 있습니다. 새로운 소식을 접하는 대로 계속 전해 드리겠습니다.

켄타우로스

켄타우로스(켄타우루스)는 반은 사람이고 반은 말이에요. 사람들마다 켄타우로스를 두고 내리는 평가가 달라요. 거칠고 폭력적이라는 사람도 있고 매우 현명하다는 사람도 있거든요. 사람들은 켄타우로스와 사티로스를 헷갈리기도 해요. 사티로스는 켄타우로스와 달리 반은 사람이고 반은 염소의 모습이에요. 켄타우로스는 그리스 중부 지역의 산으로 완벽하게 둘러싸인 곳에서 살아요. 이들은 활쏘기를 정말 잘한답니다.

말의 몸통

얼마나 클까요?

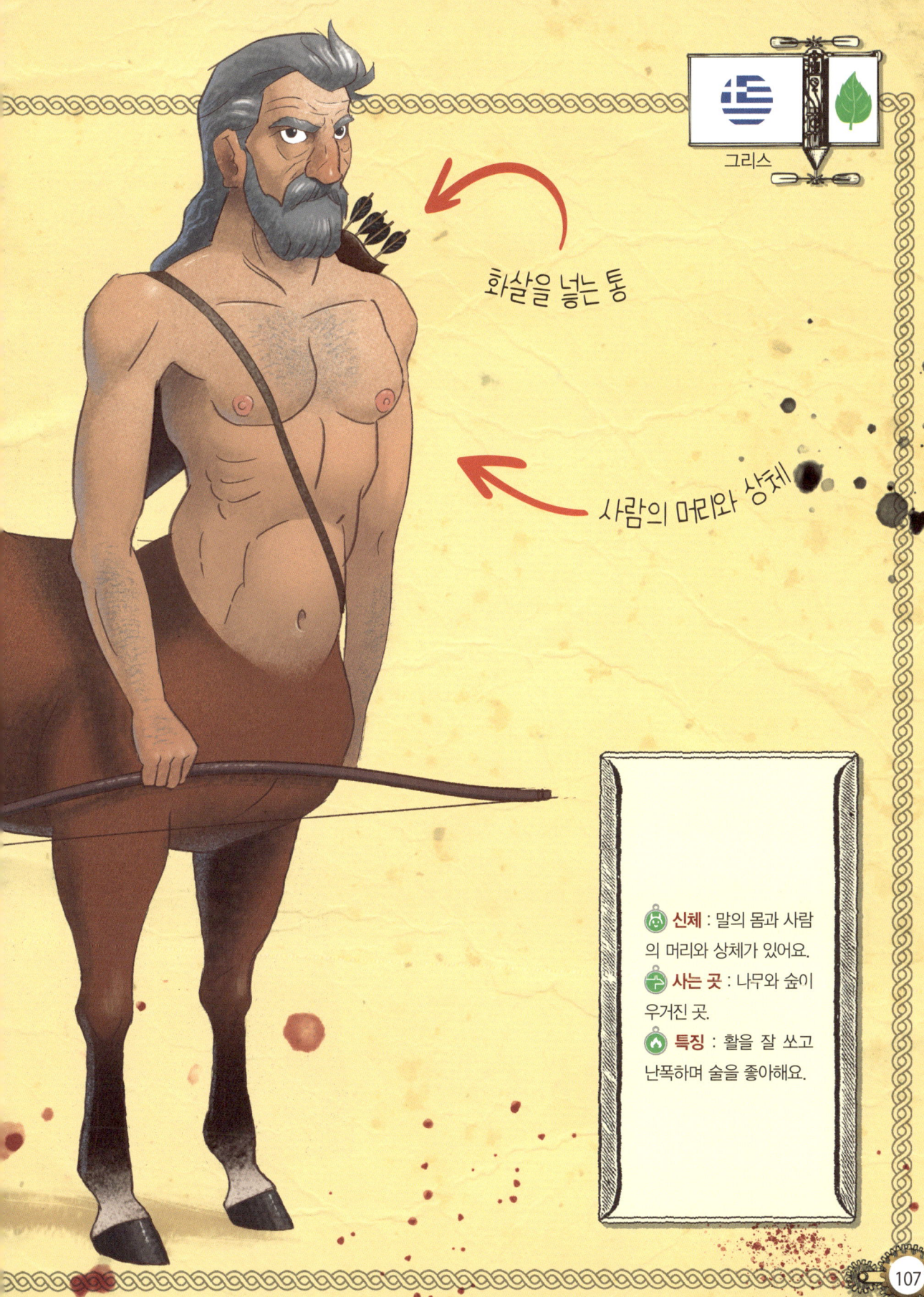

켄타우로스의 이야기

살리아에 살던 라피타이(또는 라피테스) 종족을 다스리는 익시온왕과 헤라 여신의 모습을 한 구름의 님프 네펠레 사이에서 '켄타우로스'라는 사람이 태어났어요. 켄타우로스는 펠리온산의 암말과 결혼해 켄타우로스족을 낳았답니다. 켄타우로스족은 산에서 무리 지어 사는 난폭한 종족이었어요. 물론 케이론처럼 지혜로운 켄타우로스들도 있었어요. 시간과 농업의 신 크로노스와 바다의 신 오케아노스의 딸 필리아 사이에서 태어난 케이론은 아이아스·아킬레우스·헤라클레스·테세우스와 같은 영웅들을 가르쳤답니다.

익시온왕의 아들인 페이리토스는 친족 관계에 있는 켄타우로스족과 전쟁을 크게 치른 적이 있어요. 전쟁의 원인은 페이리토스와 히포메다이아의 결혼식 파티에서 생겼어요. 페이리토스는 파티에 켄타우로스족을 초대했어요. 파티가 무르익어 갈 무렵, 술에 취한 켄타우로스족의 에우리티온이 갑자기 신부 히포메다이아를 끌고 가려 했어요. 다른 켄타우로스족들도 다른 여자들을 강제로 데려가려 하지 않겠어요? 파티장은 순식간에 아수라장이 되어 버렸지요. 페이리토스와 라피타이족이 친구인 테세우스와 함께 켄타우로스족을 공격하며 전쟁이 벌어졌어요. 전쟁에서 진 켄타우로스족은 테살리아에서 쫓겨나 펠로폰네소스로 갔어요. 전쟁의 원인인 에우리티온은 눈을 잃었답니다.

케이론

하늘에서 밝게 빛나는 켄타우로스자리예요. 이 별자리의 전체 모습은 남반구에서만 볼 수 있어요. 별자리에는 태양에서 가장 가까운 별인 프록시마 켄타우리가 있답니다.

켄타우루스자리

켄타우로스와 라피타이의 싸움(켄타우로마키아)

작가 : 피에로 디 코시모
제작 연도 : 1505~1507년
박물관 : 런던내셔널갤러리

오토바이

상반신은 사람, 하반신은 말인 켄타우로스와 오토바이는 닮지 않았니? 실제로 오토바이를 타는 사람들을 켄타우로스라고 부르기도 한대.

아레스

난 이탈리아 피렌체의 화가 피에로 디 코시모를 만나 본 적이 있어. 좀 특이했지만 친절한 사람으로 기억해.
거의 자기 방에서만 지내던 그는 다른 데에 전혀 신경 쓰지 않는 사람이었어. 집은 정글처럼 풀숲으로 가득했지. 정원에 있는 나무를 다듬어 주고 풀도 뽑아 줘야 사람 사는 집 같을 텐데 말이야.
피에로 디 코시모는 대단한 예술가였어. 작은 자국도 전투 장면이나 기이한 생명체로 바꿔서 멋진 작품을 만들어 내더라고.
그리고 이건 다른 이야기지만 말이야.
풀이 무성한 그의 집 정원에서 희귀한 약초를 발견했어!

키르케

퀴퀸

퀴퀸(퀴퀴온, 키루트)은 몸에 털이 거의 없고 커다란 몸집을 한 환상 동물이에요. 북극에 있는 이누이트족의 지역에서 살아요. 녀석을 본 사람들은 두려워하며 달아나 버린답니다. 사람들은 퀴퀸의 발과 꼬리, 입가에 털이 많이 나 있다고도 하고 다리가 여러 쌍이 있다고도 해요. 빙하 사이를 돌아다니는 퀴퀸은 중요한 순간이나 아주 좋은 일이 생길 때 또는 매우 불길한 일이 벌어질 때 번쩍하고 나타나요.

- **신체** : 다리와 꼬리의 끝, 입가에 매우 털이 많고 몸집이 큰 대머리 개예요.
- **사는 곳** : 빙하 사이.
- **특징** : 무시무시한 환상 동물이지만 여러 사람이 퀴퀸의 이름을 힘껏 외치면 겁을 먹고 도망쳐요.

털이 복슬복슬한 꼬리

퀴퀀의 이야기

퀴퀀은 모두가 피하는 환상 동물이에요. 아무도 퀴퀀을 이야기하고 싶어 하지 않고 마법사들조차도 꺼림칙하게 여겨요. 생물을 미치광이로 만들기도 하거든요. 퀴퀀은 다리가 6쌍 또는 8쌍 있다고 이야기해요.

《정글 북》의 작가 러디어드 키플링은 '콰이쿼른'이라는 제목으로 이야기를 썼어요. 이야기는 혹독한 겨울이 이어지는 북극 지방을 배경으로 펼쳐져요. 사방이 얼음으로 덮인 북극에서 14세의 아이들이 기상천외한 모험을 펼친답니다. 바다사자를 잡고 물고기를 낚는 사람들과 함께하는 모험은 정말 흥미로워요.

〈콰이쿼른〉에서 손에 땀을 쥐게 하는 장면은 썰매 개들이 추위와 어둠, 굶주림에 미쳐 갈 때 소년과 소녀가 먹을 것을 찾으러 떠나는 장면이에요. 지친 아이들은 머리가 2개, 다리가 8개 달린 퀴퀀을 보았어요. 먹이를 구할 마지막 기회라고 생각한 아이들은 쫓아간 퀴퀀이 정령임을 깨달아요. 그리고 뒤쫓던 것이 썰매를 끄는 개 두 마리였음을 마지막에 알아챈답니다.

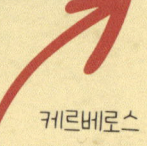

케르베로스

바르게스트

헬하운드로 오해를 받은 마스티프

나의 사랑하는 제자들!
퀴퀀이 '해괴망측 캐릭터 콘테스트'에 나가는지 물어봐 주지 않겠니?
콘테스트에는 얼마나 특이한 녀석들이 참가하는지 알려 주도록 하마.

1) 첫 번째 주인공은 '케르베로스'란다. 지옥문을 지키는 머리가 셋 달린 유쾌한 녀석이지. 머리도 똑똑해서 아주 뛰어난 문지기로 인정받고 있어. 케르베로스의 턱에 난 뱀 머리의 털에서는 독이 뿜어져 나온단다. 녀석은 이상한 소리를 내며 짖기도 해. 케르베로스는 전통을 자랑하는 뼈대 있는 가문의 후예란다. 너희도 잘 아는 티폰과 에키드나의 귀한 자식이지. 케르베로스와 가까운 관계로 스핑크스와 키메라가 있어. 단테 알리기에리의 《신곡》과 《그리스 신화》 덕분에 케르베로스는 슈퍼스타가 되었단다.

2) 두 번째 주인공 '바르게스트'는 영국에서 가장 유명한 검둥개란다. 요크셔에 사는 이 녀석은 늑대와 생김새가 매우 비슷해. 바르게스트는 마음만 먹으면 변신할 수 있지. 제일 좋아하는 변신 스타일은 머리가 없는 여성이야. 녀석은 도둑들과 살인자들에게 벌을 내리기 좋아하지만, 강을 건너지는 못해. 안타깝지만 거기까지가 바르게스트의 한계 같구나.

3) 세 번째 주인공으로 '헬하운드(지옥개)'를 소개할게. 불을 뿜는 듯한 혀, 넓은 턱 그리고 이글이글 타는 듯한 눈이 있어. 헬하운드를 닮은 개는 소설에서도 등장하고 있어. 아서 코난 도일의 《바스커빌 가의 사냥개》에서 헬하운드처럼 보이는 '마스티프'라는 개가 그 주인공이야. 마스티프는 악명 높은 휴고 바스커빌의 후손들을 위협해서 죽음으로 이끌 뻔한 적도 있어. 악취가 풍기는 습지와 비가 쏟아지는 황야 사이를 헤매며 사람들에게 공포를 주기도 했지. 유명한 탐정인 셜록 홈스와 맞서기도 했고 말이야. 이 정도면 마스티프도 대단한 동물 아니니?
그럼, 퀴퀀의 참가 여부를 나에게 알려 주길!

키르케

세이렌

'인어'라고도 하는 세이렌은 세계 곳곳에서 살며 모험을 해요.
세이렌의 모습은 반은 인간, 반은 물고기로 잘 알려져 있어요.
여자의 머리와 새의 몸이 있는 세이렌도 있어요. 세이렌은 모두 매력적이에요.
이들이 부르는 노랫소리는 아주 아름답지만 위험하답니다.
폭풍우를 일으키고 불행에 빠지게 하는 못된 세이렌이 있는가 하면,
마음씨가 착한 세이렌도 있어요. 선원들은 세이렌을 신처럼 섬겨서
뱃머리에 나무로 조각해 두기도 해요.
세이렌의 조각상들은 바다의 생물들을 기분 좋게 해 준다고 알려져 있답니다.

🔹 **신체** : 여성의 머리와 상체, 물고기의 꼬리가 있어요.
🔹 **사는 곳** : 넓은 바다.
🔹 **특징** : 세이렌이 부르는 아름다운 노래는 사람들을 위험에 빠트리기도 해요.

세이렌의 이야기

세이렌은 사람들의 소망을 이루어 줄 수 있고 마음을 빼앗을 만큼 황홀한 목소리로 노래해요. 남자들을 유혹해서 사랑에 빠지게 하고 정신을 이상하게 만들기도 하지요. 대부분 바다에 살지만, 간혹 호수에서 살기도 해요. 많은 사람이 이들을 직접 봤다고 증언하기도 한답니다.

세계적으로 유명한 세이렌은 1837년에 안데르센이 쓴 동화의 주인공 인어공주예요.

바다를 다스리는 왕의 딸로, 언니가 5명이나 있지요. 15세가 된 인어공주는 인간 세계에 사는 왕자에게 반했어요. 그와 땅에서 함께 지내고 싶어 운명을 가를 만큼 중요한 결정을 내리고 말아요. 마녀에게 사람의 다리를 받는 대가로 아름다운 목소리를 팔아 버린 거예요.

불행하게도 인어공주를 사랑하지 않았던 왕자는 다른 여자와 결혼하고 말았어요. 왕자에게 사랑을 받지 못한 가여운 인어공주는 물거품이 되어 사라진답니다. 무려 300년 동안 착한 일을 해야 다시 영혼을 얻을 수 있는 슬픈 운명에 놓인 거예요.

영국의 화가
존 윌리엄이 그린 〈워터 하우스〉

사랑하는 나의 제자들에게! 너희에게 오랜 친구가 보낸 편지를 전해 주마. 친구가 만난 세이렌은 반은 물고기, 반은 새의 모습이었다고 해. 옛날에 그리스에서는 이런 모습이었지.

키르케

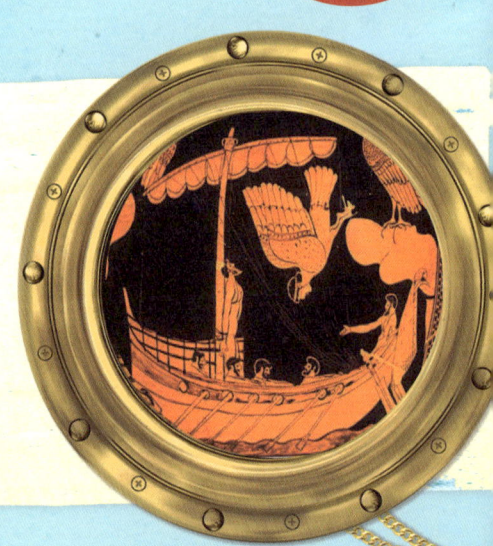

키르케 님께

진심이 담긴 충고의 말씀, 정말 감사합니다. 그 충고를 받아들이지 않았더라면 크나큰 위기에 빠질 뻔했습니다! 물론, 우리가 처음 만났을 때는 인상이 꽤 나빴지만 말입니다.

제 친구들을 돼지로 만들어 버리고 저도 그렇게 만들어 버리려고 하셨으니까요. 다행스럽게도 돼지가 된 제 친구들은 다시 사람으로 돌아왔답니다. 만드라고라의 뿌리를 미리 준비해 둔 덕분이었지요. 당신이 저를 돼지로 바꾸지 못했던 이유를 이제 아셨으리라 생각합니다.

어쨌거나 당신이 저희에게 진심을 담아 해 준 충고대로였답니다. 곧바로 '세이렌'을 만났거든요. 그들은 섬에 있는 물가의 초목에 앉아 노래하더군요. 키르케 님 덕분에 그 노래를 들으면 정신을 잃고 죽고 만다는 사실을 잊지 않고 있었습니다. 또 밀랍으로 귀마개를 만들어 두라고 하신 덕분에 귀를 막아 노랫소리를 듣지 않을 수 있었습니다. 그렇게 하지 않았다면……. 무슨 짓을 당했을지 더 잘 알고 계시겠죠?

호기심 많던 저는 갑자기 궁금해졌어요. 세이렌이 부르는 노래가 듣고 싶어진 겁니다. 아름다운 노랫소리를 들어야만 한다는 몹쓸 유혹에서 빠져나올 수 없었어요. 그리고 그 소리를 듣고 말았습니다. 다행히 그 위험한 순간에도 당신이 해 준 또 한 가지 충고를 따랐습니다. 배의 돛대에 미리 몸을 묶어 놓은 겁니다. 친구들에게도 저를 무조건 풀어 주지 말라고 해 두었습니다. 그것은 딱 통했답니다! 달콤한 노래가 오직 저만을 위한 노래라고 생각하니 도저히 돛대에 붙어 있을 수 없더군요. 심하게 몸부림을 쳤던 것 빼고는 모든 일이 다 잘되었습니다. 고향 이타카에서 애타게 기다리는 제 아내 페넬로페보다 당신을 빠른 시일 안에 더 먼저 뵙고 싶습니다. 내년에 만나 뵙기를 기대하고 있겠습니다.

당신의 친구, 오디세우스

스퀑크

스컹크는 미국의 북쪽 펜실베이니아의 나무숲 속을 거니는 환상 동물이에요. 몸은 사마귀와 점으로 뒤덮여 있고 피부는 축 늘어져 있어요.
스퀑크는 한탄하는 어조로 시를 짓기도 해요. 또 몸이 완전히 녹아내릴 때까지 울기도 하고요. 스퀑크가 우는 모습은 해 질 녘에 더욱 자주 볼 수 있답니다.

사마귀

늘어진 피부

- 🧍 **신체** : 무겁고 둔한 몸을 사마귀와 점이 있는 피부가 덮고 있어요.
- 🏠 **사는 곳** : 벌목꾼들이 사는 지역 근처.
- 🔥 **특징** : 슬픈 시를 지어요. 구슬픈 울음소리는 듣는 사람을 완전히 지치게 해요.

최고의 기회!
스큉크 가방

특허를 받은 방수 원단으로 만든 최고의 가방.
비가 아무리 쏟아져도 절대 젖지 않는 특별함을 자랑합니다!

단돈 3만원

오리지널 스큉크의 눈물

유사품을 주의하세요!

몰약의 향이 담긴 눈물

키프로스의 키니라스(또는 테이아스)왕에게는 '미르라'라는 아름다운 딸이 있었어요. 큰 죄를 짓고 아이를 밴 채 도망 다니다 지친 미르라는 신들에게 기도했어요. 죽은 것도 산 것도 아닌 존재가 되게 해 달라고 말이죠. 그 기도 덕분에 미르라는 나무로 변해 버렸답니다. 나무가 된 미르라가 흘리는 눈물이 '몰약'이에요. 아이를 가진 채 나무가 된 미르라에게 9개월 뒤에 진통이 찾아왔어요. 출산의 여신이 그녀를 도와 아이를 받아 주었어요. 그 아이는 어머니의 외모를 쏙 빼닮은 '아도니스'였어요. 강의 요정들인 나이아스도 기뻐했어요.

그들은 아도니스를 반갑게 맞이해 주었답니다. 그리고 나무껍질에서 흘러나오는 미르라의 눈물인 몰약을 몸에 발라 주었어요.

슬픔을 상징하는 사이프러스

케오스섬(케아섬)에 살던 키파리소스는 아폴론 신이 아끼는 소년이에요. 케오스섬에는 금빛 뿔이 있는 아름다운 수사슴이 살았어요. 키파리소스는 이 수사슴과 아주 친하게 지냈답니다.

어느 날, 키파리소스가 잘못 던진 창에 수사슴이 죽고 말았어요. 크게 슬퍼한 키파리소스는 아폴론 신에게 기도했어요. 영원히 슬퍼하는 존재가 되게 해 달라고 말이지요. 아폴론은 그의 기도를 들어주어 사이프러스로 변하게 해 주었어요.

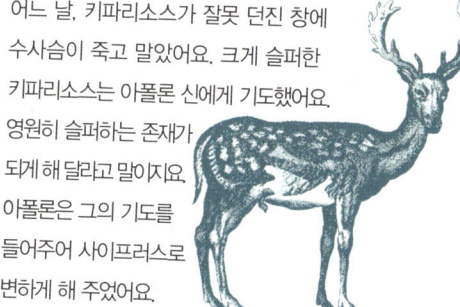

요정의 눈물

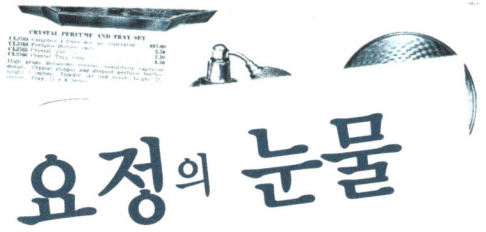

아일랜드의 요정으로 알려진 밴시는 아름다운 소녀, 노파, 귀부인 등의 모습으로 나타난다고 해요. 이들은 대부분 통곡하고 절망하며 시간을 보내요. 불만이 가득한 모습의 밴시는 죽음의 징조로 알려져 있답니다. 가장 유명한 밴시는 1014년에 아일랜드의 브리안왕에게 나타나 통곡한 에이브힐이에요. 밴시를 본 왕은 놀랍게도 바로 그다음 날 전쟁에서 죽고 말았어요. 이처럼 밴시가 나타나 울면 누군가가 죽는다는 암시랍니다.

스큉크의 이야기

스큉크는 미국의 벌목꾼들이 있는 곳에서 살아가요. 그곳에는 스큉크 외에도 여러 환상 동물들이 살고 있어요. 도끼날과 같은 머리와 이빨, 짧은 다리가 있는 액스핸들하운드, 물이 끓는 소리를 내는 티케틀러, 그리고 정육면체 모양의 알을 낳는 길리갈루 등이 그 주인공이랍니다.

깊은 밤, 가만히 귀를 기울인다면 스큉크가 읊는 슬픈 시를 들을 수 있어요. 또 끊이지 않고 낮게 우는 소리도 들을 수 있답니다. 스스로 가장 못생기고 불행하다는 사실이 슬퍼서 소리 높여 우는 거예요. 놀랍게도 스큉크보다 더 불행한 환상 동물이 있어요. 그건 피나클 그린이에요. 날개가 하나만 있어서 영원히 원을 그리며 돌 수밖에 없는 새이지요. 한자리에서 평생을 도는 피나클 그린보다 자유롭게 돌아다닐 수 있는 스큉크가 낫지 않을까요?

스큉크와 관련한 다른 이야기도 있어요.

어느 날, 사냥꾼 웬틀링 씨는 스큉크 한 마리를 가까스로 잡아 가방에 넣었어요. 그는 어렵게 잡은 스큉크가 담긴 가방을 들고 집으로 갔지요. 그런데 가방에서 슬피 우는 소리가 점점 더 커지지 않겠어요? 가방은 점점 더 가벼워져 갔고요. 웬틀링 씨는 집에 도착하자마자 가방을 열어 보았어요. 스큉크는 어떻게 됐을까요? 몸은 모두 녹아 버렸고 눈물만 가방에 남아 있었답니다.

아위소틀

아위소틀(아휘조틀)은 멕시코에 있던 고대 아즈텍 왕국의 수도 테노치티틀란에서 살던 환상 동물이에요.
물에 살면서 사람들을 공격하는 무시무시한 녀석이지요.
물건을 집을 수 있는 팔다리가 모두 5개나 있고 먹잇감들의 손톱을 먹는답니다.

먹잇감을 잡는 날카로운 손

🔹 **신체** : 다리 2개와 손 3개가 있어요. 3개의 손 가운데 하나는 꼬리에 있지요. 전체적으로 개를 닮은 모습이에요.

🔹 **사는 곳** : 물속의 동굴.

🔹 **특징** : 먹잇감을 잡을 수 있어요. 먹잇감을 물속으로 끌어들일 수 있는 강한 꼬리가 있어요.

물갈퀴가 있는 뒷발

아위소틀의 이야기

아즈텍 왕국의 수도 테노치티틀란은 이탈리아의 베니스처럼 몇 개의 섬 위에 세워진 도시였어요. 이곳은 아위소틀이 살기에 더할 나위 없이 좋은 환경이었지요. 사람들은 아위소틀이 지금까지도 이곳에 있는 어느 깊은 동굴 속에 숨어서 살아가고 있을지 모른다고 이야기해요.

아위소틀은 굉장히 위험한 환상 동물이에요. 텍스코코호수에 살면서 호수와 물고기들을 지킨답니다. 가끔 지루해지면, 갓 태어난 아기처럼 울기도 해요. 울음소리를 들은 사람은 걱정 반, 호기심 반으로 소리를 따라가곤 하지요. 아위소틀이 숨어 있는 곳까지 찾아간 사람은 꼼짝없이 물속으로 끌려 들어가고 만답니다.

아위소틀은 끌고 간 사람들을 잡아먹지는 않아요. 그저 자신이 제일 좋아하는 손톱만 씹어 먹을 뿐이에요. 아위소틀은 낚시해서 물고기를 잡거나 아무 이유 없이 물고기를 죽이는 사람들을 싫어해요. 물고기를 지키려고 고기잡이배를 물속에 가라앉히곤 한답니다.

아즈텍 왕국의 여덟 번째 황제가 '아위소틀'이라는 이름을 썼다는 이야기를 알고 있나요? 아위소틀황제는 영토를 두 배로 넓히며 왕국을 전성기로 이끈 위대한 지도자였어요. 하지만 환상 동물 아위소틀처럼 무시무시하고 잔인했다고 알려져 있어요.

아즈텍 왕국의 수도 테노치티틀란

아위소틀황제

내가 아끼는 강아지 페델레는 아위소틀과 친척 관계 페델레는 아니라고 강하게 부인하더라고. 아위소틀을 보자마자 으르렁거리는 녀석을 보고 바로 눈치챘는데 말이야.

아레스

물가의 매력남, 여친을 찾습니다!

저는 초록색 피부가 멋지고 물에서 자유롭게 움직이는 물가의 매력남, 길맨입니다. 젊고 건강하며 수영과 다이빙을 좋아하는 여자 분을 찾습니다. 오랫동안 물가에서 혼자 지내다 보니 쓸쓸한 기분은 어쩔 수 없네요. 덤으로 아마존강의 검은 늪지대에도 갈 수 있는 분이면 좋겠습니다. 낚시를 싫어하고 습지를 좋아하면 더욱 좋겠어요! 물가나 물속에서 즉석 미팅 가능합니다!

트리톤 전화 191.5209003

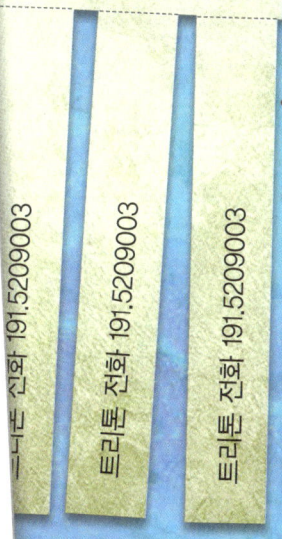

검은 늪지대에 사는 정체 모를 괴물이 여자 친구를 찾고 있군.
뼈가 울퉁불퉁하게 솟은 초록색 손과 끔찍할 만큼 기다란 손톱은 여자가 아니더라도 누구나 무서워하지 않겠니? 강이나 물가에 사는 사람들이 하루하루 불안하겠어.
환상 동물 아위소들과 몇몇 특징이 비슷하지만 생김새는 완전히 다르구나.
소중한 환상 동물도 보호해야 하지만 너희가 외로워하는 길맨부터 먼저 만나 달래 줘야겠는걸?
사람들이 무서워하지 않도록 말이야.

키르케

아카나메

아카나메는 일본에 사는 몬스터예요. 공중목욕탕이나 집에 있는 욕조에서 사는 기묘한 녀석이지요. 아카나메는 욕조에 숨어 있다가 사람들이 잠든 조용한 밤이면 슬슬 기어 나온답니다. 그러고는 목욕탕의 벽면과 욕조에 붙은 인간의 때를 긴 혀로 핥아 먹어요.

얼마나 클까요?

미끌미끌한 피부

일본

일본식 욕조

매우 길고
독이 가득한 혀

신체 : 아이처럼 작은 몸집에 기름이 좔좔 흐르는 피부와 머리카락이 있어요. 눈은 1개 또는 2개예요.
사는 곳 : 목욕탕.
특징 : 긴 혀에 독이 든 침이 묻어 있지만, 위험하지 않아요.

아카나메의 이야기

일본의 전통 욕조는 나무로 만들어진 커다란 통이에요. 아카나메는 깊은 밤에 나타나, 기다란 혀를 쭉 뽑아서 목욕탕 벽이나 욕조에 남아 있는 때를 핥아 먹어요. 어떤 사람들은 아카나메의 침에 독이 있어서 사람에게 병을 옮길 수 있다고도 해요. 이 몬스터는 깨끗하거나 잘 정리한 집을 싫어해요. 또 부끄럼을 많이 타서 사람들의 눈에 띄고 싶어 하지 않는답니다.

깊은 밤, 아이들은 화장실에 가기 무서워해요. 대체 무엇 때문일까요? 바로 '아카나메' 때문이랍니다. 이 몬스터가 화장실(또는 목욕탕)에 숨어 있을지도 모른다는 생각이 두려움을 몰고 오거든요. 아카나메는 순해서 사람을 먼저 공격하거나 해치지 않아요.

일본의 전통 욕조

아카나메는 물의 정령 캇파와 가까운 종족이기도 해요. 커다란 개구리의 모습을 한 캇파는 사람처럼 두 발로 사뿐사뿐 걸어 다녀요. 또 물을 아주 좋아하고요. 개수대나 욕조 바닥에서 캇파를 쉽게 볼 수 있답니다. 캇파는 아카나메와 달리 욕조를 더럽게 해요. 위생을 조금도 생각하지 않아서 깨끗하게 하는 법이 거의 없답니다.

내가 호텔에서 만난 또 다른 몬스터는 '바케조리'였어. 걸을 때마다 누군가 발을 핥는 것처럼 발이 축축했는데 정말 끔찍하지 뭐야! 생각해 보니 바케조리 녀석이 발에 무슨 짓을 한 것 같아. 으윽, 이건 쉽게 괜찮다고 여길 문제가 아니야! 여기에 바케조리를 그려 봤어.

하데스

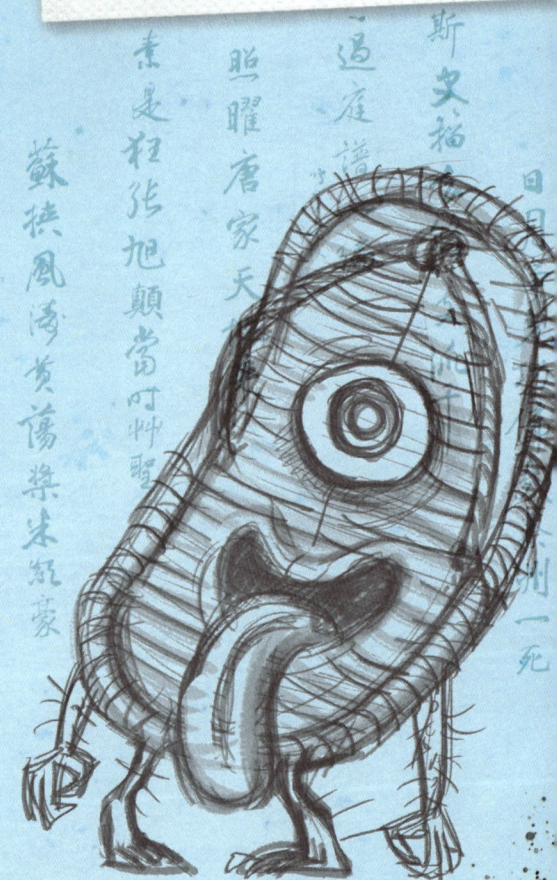

아카나메를 만난다면 호텔에 있는 바케조리도 덤으로 만나 볼 수 있을 거야.
녀석에게 안부를 전해 주렴. 바케조리는 오래된 짚신에 혼이 깃들어 생긴 몬스터야.
오래된 물건들에 혼이 들어 몬스터가 되는 것을 '쓰쿠모가미'라고 부른단다.
어떤 친구들은 쓰쿠모가미를 문제만 일으키는 말썽꾸러기라고 손가락질하지만 잘 모르는 소리야.
이 녀석들은 정말 대단해. 물건들을 이리저리 움직일 수 있거든. 텔레비전을 켜거나
서랍들을 열고 닫기도 하고 옷을 춤추게 하는 능력이 있지.
사실, 모든 사람이 쓰쿠모가미와 그들에게 감춰진 진짜 모습을 많이 모르고 있어.
쓰쿠모가미가 사랑스럽다면 그들이 뱉는 침은 대체 무슨 행동이냐고?
음, 그건 말이야. 오랜 시간 온 마음을 다해 섬겼던 주인에게 버려지고 잊힌 데에 따른
작은 복수라고 볼 수 있어. 너희가 보기에는 무조건 쓰쿠모가미가 잘못한 행동이라고 생각하니?
오랜 시간 함께한 주인에게 버려진 쓰쿠모가미가 얼마나 억울할지 생각해 본 적 있니?
하데스가 만난 쓰쿠모가미인 바케조리는 귀엽고 사랑스러운 녀석이야. 그리고 너희에게
또 한 가지를 특별히 부탁하마. 바케조리가 부르는 노래를 듣고 지루하다고 말하지 말아주렴.
녀석은 밤마다 "카라링, 코로링, 킹코링, 눈 셋, 이빨 둘."이라고 부르는 노래를 정말 좋아하거든.

귀르케

덧붙이며.
쓰쿠모가미를 만난다면, 제마다 다른 이름들이 있으니 잘 알아두도록 해.
쓰쿠모가미에 누가 누가 있는지 더 알려 주마.
- 쵸친오바케는 초롱(또는 등롱)이 변한 몬스터야.
  초롱 위아래가 뻐끔 갈라진 입에서 기다란 혀가 나오고
  윗부분에 외눈 또는 두 눈이 있지.
- 비와보쿠보쿠는 비파가 변한 몬스터야. 몸은 인간,
  머리는 비파인데 눈은 감고 지팡이를 짚고 있단다.
- 쿄린린은 법력을 겨루다 지고 만 스님이 버린 경문이 변한 몬스터야.
  부리가 긴 새가 경문을 머리에 감고 있는 모습이지.

아쿨롯

아쿨트(애클럿)는 이누이트가 살아가는 알래스카에서 나타나요. 이곳 원주민의 말로 '위대한 땅'이라 불리는 알래스카는 수많은 생명이 살아 있어 놀라운 곳이에요. 그만큼 곳곳에 위험이 도사리고 있어 무서운 곳이기도 하답니다.

범고래의 몸

날카로운 이빨

알래스카

- 신체 : 범고래의 몸통에, 늑대의 다리가 있어요. 겉모습은 범고래나 늑대를 닮거나, 둘을 반반 섞어 놓았어요.
- 사는 곳 : 빙하와 바닷속.
- 특징 : 길고 날카로운 이빨로 먹잇감을 사정없이 잡아먹어요.

늑대의 발

얼마나 클까요?

아쿨트의 이야기

이누이트들은 아쿨트가 끔찍하게 사악한 환상 동물이라고 말해요. 언제나 복수심에 불타고 굶주려 있거든요. 바다로 고기를 잡으러 나간 어부들을 잡아가기 일쑤여서 아쿨트를 두려운 존재로 여기고 있어요. 아쿨트가 강한 힘으로 끌어당긴 어부들은 물속에서 빠져나오지 못한 채 가족과 이별하고 만답니다. 자, 이렇게 무시무시한 아쿨트에게 어떤 사연이 있는지 들어 볼까요?

먼 옛날, 멋진 바다에 푹 빠진 '아쿨트'라는 남자가 있었어요. 그는 온종일 바다를 바라보며 깊은 생각에 잠기곤 했어요. 늦은 밤이 오면 터벅터벅 집으로 돌아갔지요.

아쿨트가 물을 지나치게 사랑했기 때문이었을까요? 그는 외모가 바뀌어 전혀 다른 사람이 되어 버렸어요. 친구들조차 알아보지 못했고 살던 마을에서도 쫓겨났어요. 그는 너무나 배가 고파 북극에 사는 늑대 무리에 끼어 살았어요. 그렇게 하루, 이틀 지내다 보니 점차 늑대로 변해 갔지요. 바다를 사랑했던 마음은 변하지 않아 늑대 무리를 떠났어요. 그리고 바다에 뛰어들자 반은 늑대, 반은 범고래가 된 거예요! 그 이후로 먹잇감을 찾아 바다와 빙하를 헤매고 다닌답니다. 아쿨트가 먹잇감을 잡으려고 차가운 물에 숨어 있을 때 그의 늑대 발자국이 비밀스럽게 드러나기도 해요.

이누이트 사냥꾼이 나에게 준 훌륭한 작살!

아레스

나이가 지긋한 이누이트 여인이 우리에게 준 목걸이야. 이건 아쿨트의 이빨로 만들었다고 해. 정말 욕심났지만, 원래 가지고 있어야 할 주인에게 돌려주기로 했어.

하데스

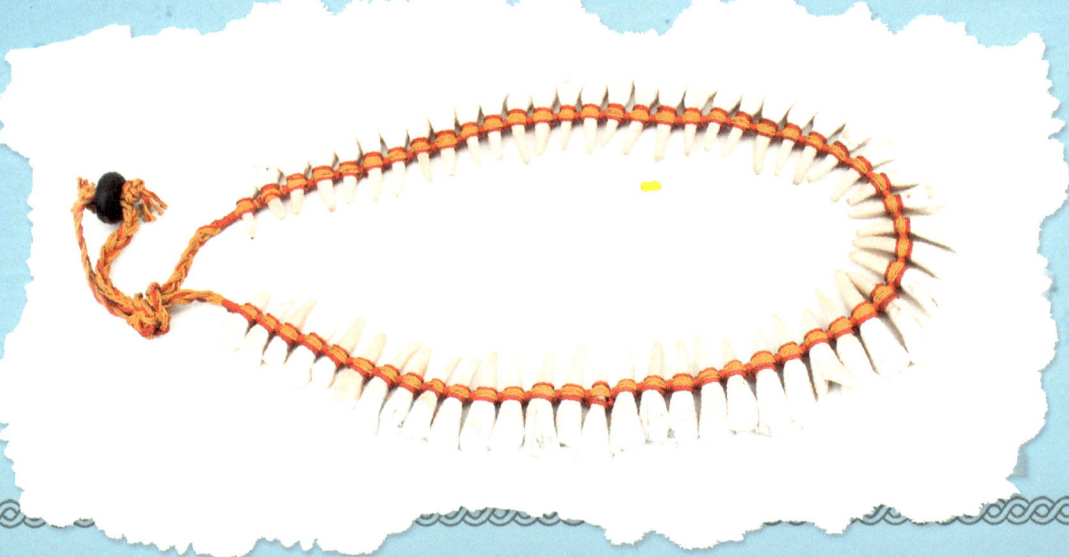

북극일보

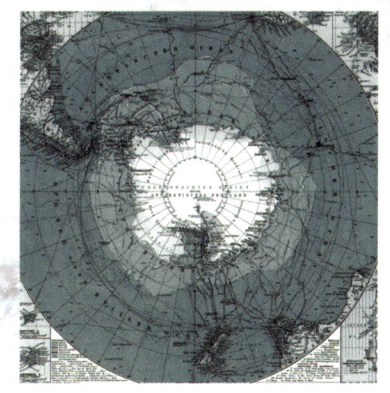

극지방 탐험 미스터리
빙하에서 사라진 난파선을 찾아라!

1848년, 영국의 해군 제독이자 탐험가 존 프랭클린이 이끌던 에러버스호와 테러호는 북극의 빙하 속으로 사라졌어요. 그 이후 누구도 두 함선을 찾지 못했지요. 이 함선은 유럽에서 북아메리카 대륙의 북쪽 해안을 거쳐 태평양으로 나오는 길을 찾으려고 1845년에 항해를 떠났어요. 탐험을 이끌던 존 프랭클린은 누구보다 항해 경험이 풍부하던 사람이었지요. 에러버스호와 테러호는 모두 3년치 식량을 가지고 떠났어요.

3년이 되어 가던 1848년, 영국에서는 불안해했어요. 탐험 대원 129명이 배 두 척과 함께 사라졌거든요. 그리고 나라 전체가 어마어마한 상금을 걸고 사라진 두 함선을 찾기 시작했지요. 사고 현장으로 보내진 구조 대원들은 뜻밖의 사고가 왜 생겼는지 끝내 밝혀내지 못했어요. 배의 이름이 새겨진 나이프와 포크, 숟가락과 같은 식사 기구와 단추, 시계 같은 물건들만 나왔어요. 어둠 속에서 총소리가 들려왔다는 이누이트들의 증언도 있었고요. 결국 두 함선의 실종 사건은 미궁에 빠졌답니다.

에버러스호와 테러호에 관한 소문은 무척 많아요. 탐험 대원들의 이야기도 사람들 사이에서 오르내린답니다. 소개하자면 이런 이야기들이에요. 하나는 대원들이 상자에 있는 박테리아에 중독되어 사망했다는 이야기예요. 또 하나는 북극곰이나 그보다 훨씬 크고 무시무시한 동물에게 공격을 받았다는 이야기예요. 에러버스호와 테러호를 바탕으로 댄 시먼스 작가가 《테러호의 악몽》이라는 소설을 쓰기도 했어요.

☞ 차례 소개

11쪽
끓어오르는 빙하
- 윌리엄 기자

28쪽
클라크 폴로의
최근 소식

32쪽
그들을 누가 보았는가?
- 시아렐리 기자

맛있는
아이스크림
since 1867

> 너희가 아쿨트를 만난다면 에러버스호와 테러호 사건을 꼭 물어봐 주지 않겠니?
> 북극에 사는 아쿨트라면 두 함선이 어디 있는지 알고 있을지도 몰라. 어쩌면 녀석이 공격해서 두 함선이 사라졌을지도 모르지.
>
> 키르케

북극일보 발행 - 알래스카주에서 인쇄

자라탄

자라탄(사라탄)은 북유럽의
바다에 사는 환상 동물이에요.
크기를 정확하게 잴 수
없을 만큼 어마어마하게 커요.
바다뱀이나 배를 감쌀 만큼
커다란 문어인 크라켄처럼
사람들에게 알려진
바다 괴물이에요.

껍데기에서 자라는 섬

부분부분 덮여 있어요.

헤엄치기 좋은 강한 지느러미

- 신체 : 아주 큰 거북이에요.
- 사는 곳 : 넓은 바다.
- 특징 : 오랜 시간 헤엄치지 않고 가만히 있으면 등에서 나무와 숲이 생겨요. 그 뒤 새로운 섬이 만들어진답니다.

자라탄의 이야기

자라탄을 맨 처음 말한 사람은 고대 그리스 사람들이었어요. 그때부터 커다란 환상 동물의 이야기가 곳곳에서 나왔어요. 배를 타고 곳곳을 누볐던 《신드바드의 모험》에서부터 루도비코 아리오스토의 《광란의 오를란도》까지 자라탄에 얽힌 이야기가 끊이지 않았답니다. 많은 사람이 넓은 바다 가운데 떠 있는 섬에 직접 가서 비밀을 밝히고 싶어 했어요.

6세기, 아일랜드의 수도승 브란다노는 미스터리에 싸인 '성자들을 위한 약속의 땅'을 찾으려고 배에 올랐어요. 해가 지지 않는 곳, 배고픔이나 목마름이 없는 곳, 슬픔이나 괴로움이 없는 섬을 찾으려고 먼 길을 떠났던 거예요.

그 탐험에서 환상적이고 기이한 일들을 만났어요. 브란다노는 도넛 모양의 물고기, 사악한 악마들, 털이 많은 세이렌, 말하는 새를 만났어요. 또 바다에 떠올라 하늘에 닿는 크리스털 기둥도 봤지요. 마침내 그는 피곤에 지친 몸을 쉬려고 한 섬에 이르렀어요. 사실 그곳은 섬이 아니라 자라탄의 등이었어요. 등에서 뜨거운 기운을 느꼈을 때는 이미 늦었답니다. 재빠르게 땅을 팠지만 브란다노와 친구들은 안타깝게도 깊은 바다에 점점 빠져들고 말았어요.

나는 인도에서 자라탄보다 큰 거북을 만났어. 그 이름은 '쿠르마'였는데, 등에 전 세계를 지고 있었어.

하데스

하데스, 전 세계를 등에 지고 있는 거북을 봤니?
나는 피렌체의 베키오궁에서 항해하던 거북 조각과 그림을 봤어!
메디치 가문의 코시모 1세 대공이 좋아했던 격언
"급할수록 신중하라!"에 따라 궁 곳곳에 거북을 넣은 것 같아.

아레스

여행 보고서 **바닷속에서 만난 신비한 생물들**

그린란드 남쪽부터 러시아 발트해까지 탐험한 지리학자 올라우스 마그누스의 신비하고 흥미로운 여행 보고서
― 로마 1540년

물속에서 우리가 탄 배를 뚫고 지나간 물체가 무엇인지 아직 밝혀지지 않았다. 그래서 지금까지 내가 관찰한 기이한 것들을 정리해 남기려고 한다.
사람·동물·도시 등의 설명을 우리가 지금 살고 있는 이 땅에서 볼 수 있는 것들과 비교해서 쓰려고 한다.

우리는 발트해에서 신기한 집들과 첨탑들을 보았다. 또 양·염소·돼지·개·원숭이·사자·독수리·곰·버팔로·용·사슴과 비슷하게 생긴 동물 등이 함께 어울려 사는 물속 도시도 보았다.

매우 투명한 비늘과 눈이 있는 고래가 우리 앞에 나타났다. 멀리서부터 전진해 오던 고래는 활활 타오르는 커다란 불처럼 보였다.

폴란드의 왕이 잡았다는 것과 비슷한 시비숍(16세기에 나타난 물고기 인간. 폴란드의 왕에게 잡혀 구경거리가 되었다. 시비숍의 풀어 달라는 몸짓에 바다에 놓아 주었더니 바다 위로 십자 성호가 나타났다고 한다)이 배 앞에 나타나서 인사하고 우리를 여러 번 축복했다.

스코틀랜드의 해안에서 물에서도 살 수 있고 땅에서도 살 수 있는 늑대물고기를 만났다. 그리고 바다황소·바다공작·바다토끼·바다송아지 등도 만났다.

카토블레파스

카토블레파스는 에티오피아에 있는
청나일강의 발원지 타나호수
근처에서 살아요.
이 녀석과 눈이 마주치면
죽고 만다는 사실을
반드시 알아두세요.
그 시선이 굉장히
치명적이거든요. 행동은
느릿느릿하고 날마다
우울해 있어요.

- 신체 : 언제나 아래로 푹 처지는 커다란 머리가 있어요.
- 사는 곳 : 습지의 진흙 속.
- 특징 : 굉장히 위험하지만 공격성은 있지 않아요. 그런데도 눈으로 바라본 것은 모두 죽고 말아요. 어떤 것은 돌이 되기도 하고요.

소의 몸통

용감한 나의 제자들!
청나일강의 습지에서는 너희가 더
주의했으면 좋겠구나.
물줄기의 근원을 찾는다고 청나일강을
거슬러 올라가던 많은 탐험가가
그곳에서 길을 잃었거든.
난 너희가 목적지로 가는 올바른 길을
찾아내리라고 굳게 믿는단다.
다만 그곳에 있는 '무언가'를 조심하기 바라.

키르케

강가와 습지를 지날 때는
모기 퇴치제를 꼭 가져와야 해!
징글징글한 모기 녀석들!

아레스

나한테 좋은 생각이 있어! 카토블레파스의 치명적인 시선을
피하려면 이거 하나로 충분해. 나도 녀석과 같은 문제가 있었을 때
이걸 쓰고 효과를 봤거든. 짜잔! 비장의 무기 대공개!

메두사

메두사, 모두에게 말해 줘!
선글라스를 썼다 하더라도 우리가
먼저 카토블레파스와 마주치지 않는다면
그 지독한 눈빛으로 우리가 고생할 일은
없다고 말이야. 어서!

아레스

카토블레파스의 이야기

카토블레파스의 존재를 우리에게 제일 처음 알려 준 사람은 로마의 역사가 플리니우스예요. 그는 긴 목에 붙어 있는 커다란 머리를 이기지 못해서 땅에 질질 끌고 다니는 카토블레파스를 보았어요. 플리니우스의 눈에 그 불쌍한 동물은 무거운 쇠공을 발에 묶은 채 질질 끌고 다니는 죄수처럼 보였다고 전했지요.

카토블레파스는 하늘과 태양을 볼 수 없어요. 사람들은 주변을 둘러싸고 있는 습지를 메마르게 하고 공포를 불러일으키는 카토블레파스를 싫어해요. 우울해진 카토블레파스는 진흙탕 속으로 들어가서 지그시 눈을 감고 납작 웅크린 채 아무 의미 없는 말들을 슬피 중얼거린답니다. 코를 덮고 있는 뻣뻣하기 짝이 없는 덥수룩한 털들 때문에 앞발은 거의 보이지 않아요. 이렇게 한참 있다 보면 진흙에서 올라오는 따뜻한 기운으로 외롭고 추운 몸이 따뜻해져요. 그러면 입김으로 촉촉해진 독초들을 되새김질해 먹으면서 스스로 위로한답니다. 때때로 찾아오는 우울함 때문에 저도 모르게 다리를 먹어 치운 일도 종종 있다고 해요.

카토블레파스는 죽음을 부르는 독한 눈빛 때문에 어미가 직접 낳은 새끼를 단 한 번도 볼 수 없어요. 짝짓기도 서로를 볼 수 없는 밤에만 이루어질 정도이니까요. 역사가 클라우디오 엘리아노는 카토블레파스가 먹는 독초를 독한 눈빛의 가장 큰 원인으로 봤어요.

에티오피아의 고대 지도

에티오피아의 타나호수

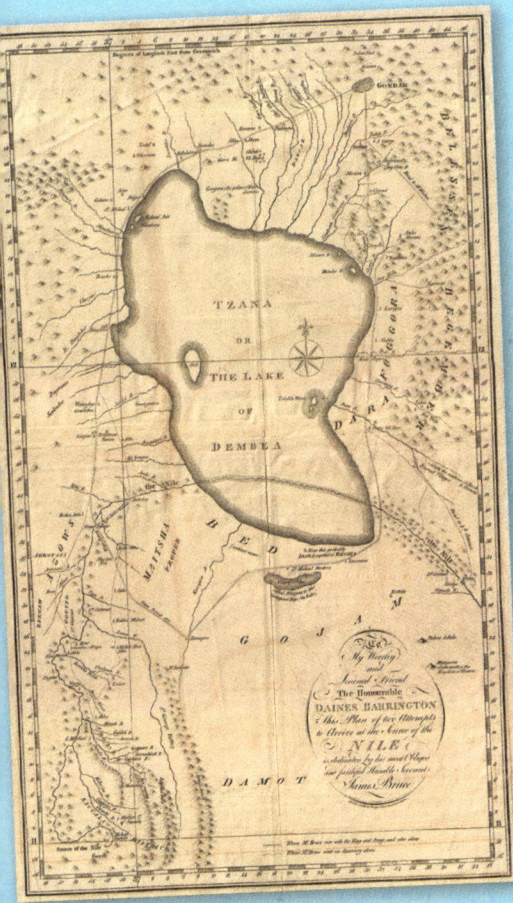

큰바다뱀

큰바다뱀(시서펜트)은 모든 바다에 살며 선원들을 공포에 떨게 하는 환상 동물이에요. 배를 부수고 예측할 수 없는 순간에 나타나, 사람들이 몹시 두려워한답니다.

얼마나 클까요?

등 위에 난 길고 뾰족한 지느러미

튀어나온 부분

전 세계

- **신체** : 뱀과 용, 말의 얼굴로 바꿀 수 있어요. 가시 모양의 지느러미가 있고 여러 색깔로 변화할 수 있어요.
- **사는 곳** : 바다.
- **특징** : 매우 공격적이고 사나워서 배를 가라앉히기도 해요.

용의 입

비늘로 덮인 피부

밑에 잠기는 부분

145

스코틀랜드의 큰 호수에서 밝혀진 비밀
네스호는 괴물을 좋아하는가?

스코틀랜드의 커다란 네스호에 기이한 괴물이 산다는 소식입니다. 불가사의한 이 괴물은 아주 오랜 옛날부터 나타났습니다. 많은 사람이 해변 곳곳에서 수영하는 괴물을 보았다고 주장하고 있습니다. 실제로 566년에 아일랜드의 수도사 한 명이 '야생에서 본 괴물'을 생생하게 증언한 역사적 기록도 있습니다.

1930년에 처음으로 발견된 뒤부터 이 괴물은 더 자주 목격되었습니다. 흥미로운 사실은 이 괴물을 그리는 묘사가 조금씩 다르다는 점입니다.
"용이나 큰바다뱀의 종으로 매끈한 몸을 가졌다.", "혹이 있다."
"정신없이 움직인다.", "천천히 구불구불 움직인다."
"지느러미가 있다.", "다리가 3개이다."
"아니다, 다리는 4개이다.", "몸의 길이가 10미터이다."
사람들은 저마다 본 대로 괴물을 자세히 설명했습니다. 흥미로운 추측들도 많습니다. 한 마리가 아니라 부부이거나 작은 가족으로 생활한다는 이야기입니다. 비밀 터널인 네스호가 북해와 이어져 있고 그 길로 괴물이 드나든다는 이야기도 있습니다. 이 괴물은 네스호에 나타난다 해서 친숙하게 '네시'라고 불렸습니다. 어떤 사람들은 상상에서만 있는 동물이라고 주장합니다. 네스호에서 나타난 이 괴물은 해안 건너편에 흔적을 남겼습니다. 이에 전 세계의 학자들이 연구에 들어간다고 합니다. 시시각각 정보가 들어오는 대로 여러분에게 빠르고 정확하게 전달해 드리겠습니다.

이런 말 하면 안 되지만, 이 기사를 쓴 기자는 좀 바보 같아. 기자가 말하는 흔적들은 브라우니(스코틀랜드 전설에서 밤에 나타나 몰래 농가의 일을 도와준다는 작은 요정)와 다른 요정들이 벌인 파티의 흔적일 뿐이거든. 그 친구들이 나를 파티에 초대한 적이 있었어. 안타깝게도 시간이 맞지 않아서 가지 못했지만 말이야.
아, 최근에 놀라운 정보가 들어왔어. 네시는 사실 누군가 꾸며 낸 존재라고 해. 환상 동물들을 어지간히 만나고 싶었던 모양이야.

키르케

큰바다뱀의 이야기

함선을 공격하는 큰바다뱀

옛날 때 큰바다뱀들이 사람들에게 자주 모습을 드러냈던 적이 있었어요. 그 당시에는 '큰바다뱀 출몰 지역'이라고 지도에 표시해, 어디에서 큰바다뱀을 가장 많이 볼 수 있는지 알 수 있었답니다.

세상에는 정말 많은 큰바다뱀이 있어요. 가시로 덮여 있는 큰바다뱀, 고래처럼 물을 뿜을 수 있는 큰바다뱀, 길고 뾰족한 주둥이가 없는 큰바다뱀, 지느러미가 없는 큰바다뱀 등 여러 종류가 있지요.

큰바다뱀을 크라켄이나 리바이어던과 헷갈려서는 안 돼요. 크라켄은 아주 커다란 문어이고 리바이어던은 악어와 비슷하게 생겼거든요. 큰바다뱀과 비슷한 무리는 늑대 펜리르의 형제이자 북유럽에서 사는 요르문간드예요.

북유럽 신 가운데 속임수와 장난의 신인 로키는 토르가 얼마나 센지 시험해 보려고 했어요. 마법으로 크고 긴 요르문간드를 고양이로 바꾼 뒤 토르에게 들어 보라고 했지요. 토르는 이 사실을 모른 채 고양이 다리 하나를 간신히 들었답니다. 그 모습을 본 로키는 고양이가 요르문간드였음을 밝히며 토르의 힘이 대단하다고 인정했어요.

커다란 배를 덮치는 크라켄

라우니? 초콜릿 케이크 아니야? 짜 배 터지게 먹어 보고 싶다.

아레스

아레스, 브라우니는 요정이야. 식탐부터 참고 키르케 님을 만나 설명을 들어야 할 듯······.

메두사

히드라

히드라는 머리가 여러 개 달려 있고 독을 내뿜는 아주 위험한 환상 동물이에요. 쉽게 죽지 않는 이 녀석은 고대 그리스의 도시 아르고스에 있는 늪지대 레르나에 살아요. 사람들과 동물들을 죽이고 땅을 거칠고 메마르게 한답니다.

이중 톱니 같은 이빨

잘려도 다시 자라는 머리

독을 뿜는 숨결

- 🛡 **신체** : 뱀의 머리가 7개 또는 9개 또는 50개나 있고 몸통은 아주 커다란 개의 모양이에요.
- 🧭 **사는 곳** : 늪.
- 🔥 **특징** : 머리가 잘리면 2개가 다시 자라요.

얼마나 클까요?

히드라의 이야기

히드라는 티폰과 에키드나의 딸이자, 키메라와 케르베로스와는 형제 사이예요. 신들의 여왕인 헤라는 히드라를 키웠어요. 남편인 제우스와 아름다운 여인 사이에서 태어난 아들 헤라클레스가 미워서 히드라로 죽이려 했거든요.

헤라가 바라던 바와 달리 헤라클레스는 오히려 히드라를 죽였답니다. 죽지 않는 히드라를 어떻게 물리쳤을까요? 먼저 히드라의 머리들을 잘랐고요. 머리가 하나씩 잘려 나갈 때마다 그의 친구들이 잘린 자리에서 머리가 자라지 못하도록 불로 지졌어요. 마지막 머리도 재빨리 잘라 아주 커다란 바위 밑에 묻었지요. 그다음 몸을 산산조각 냈어요. 이렇게 헤라클레스는 히드라를 죽이는 데 성공했답니다.

흥미로운 사실은 죽은 히드라도 복수에 성공했다는 거예요. 헤라클레스는 강한 무기를 얻으려고 죽인 히드라의 독을 가지고 있었어요. 그리고 히드라의 독을 묻힌 화살을 쏴서 켄타우로스 네소스를 죽였어요. 네소스는 죽기 전에 헤라클레스의 아내에게 이렇게 말했어요. "그에게 나의 피가 묻은 셔츠를 입히면 사랑을 얻을 수 있을 것이오."

그녀는 거짓말에 속아 헤라클레스에게 피 묻은 셔츠를 입혔답니다. 결과는 어땠을까요? 히드라의 강한 독이 몸에 퍼지고 말았어요. 끝내 헤라클레스도 극심한 고통을 느끼며 죽어 갔답니다.

히드라가 도마뱀이었다면 꼬리 대신
머리를 자라게 했을 거야.
이 이야기는 디오니소스가 말해 줬어.
근데 쟤는 대체 뭐지?
어떻게 벌써 히드라를 만난 거야?

아라크네

히드라

(학명: *Hydra*, '물의'라는 뜻에서 유래)
히드라는 물에서 사는 특이한 생물이다. 촉수로 먹이를 독으로 마비시켜 잡아먹는다.
이 밖에 몸의 어떤 마디에서든지 재생할 수 있는 능력이 있다.

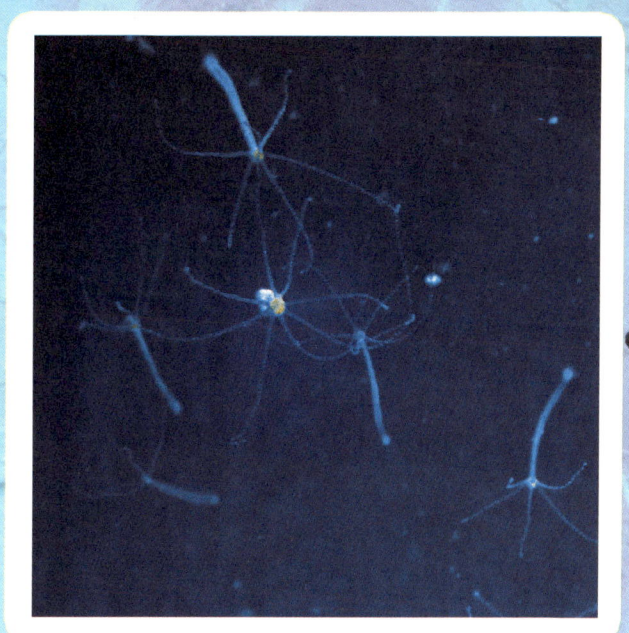

머리를 붙이는 괴물 오릴로

이탈리아의 시인 루도비코 아리오스토는 "괴물 오릴로는 끔찍한 놈이라 어떤 기사도 맞설 수 없어."라고 이야기해요. 오릴로는 손이나 팔뿐만 아니라 머리가 잘려도 다시 제자리에 붙일 수 있었거든요.
고귀하고 영리한 기사 아스톨포는 그와 정면으로 맞서기로 했어요. 마침내 책에서 그를 물리칠 방법을 찾아냈어요. 비밀은 오릴로의 머리카락에 있었답니다. 머리카락 수천 개에 숨어 있는 특별한 머리카락 한 가닥을 잘라야 죽일 수 있다는 비밀이었지요. 그 후 아스톨포는 머리가 떨어져 나갈 때까지 오랫동안 싸운 끝에 오릴로의 머리를 손에 넣었어요. 그는 제자리에 붙지 못하도록 자른 머리를 가지고 말을 탄 채 달아났어요. 그런데 아무리 찾아도 비밀스러운 머리카락을 찾을 수 없었어요.
지쳐 버린 아스톨포는 오릴로의 머리카락을 모두 밀어 버렸어요. 그 순간, 아스톨포를 쫓던 오릴로의 몸뚱이가 더 이상 움직이지 않았어요. 모든 기운이 빠져나간 채 땅에 쓰러지고 말았답니다.

환상 동물들을 찾아 떠난

에오스섬

아르고호에서 보는 광경이군!

아르고호 착륙

지휘실

아르고호에게 방향을 알려 주면, 스스로 알아서 안전하게 운행할 거야.

우리가 만났던……

키르케 님의 책

커다란 바다뱀!

아테나의 손에 신비한 책이 있어.

메두사

수호자들의 여행

미노타우로스

카토블레파스

만드라고라

예티

세이렌

키르케 님께 돌아오다!

우리가 세계를 탐험하면서 만났던 녀석들이야. 나는 수호자로서 적어 둔 기록들을 잘 보관했다고!

아테나

찾아보기

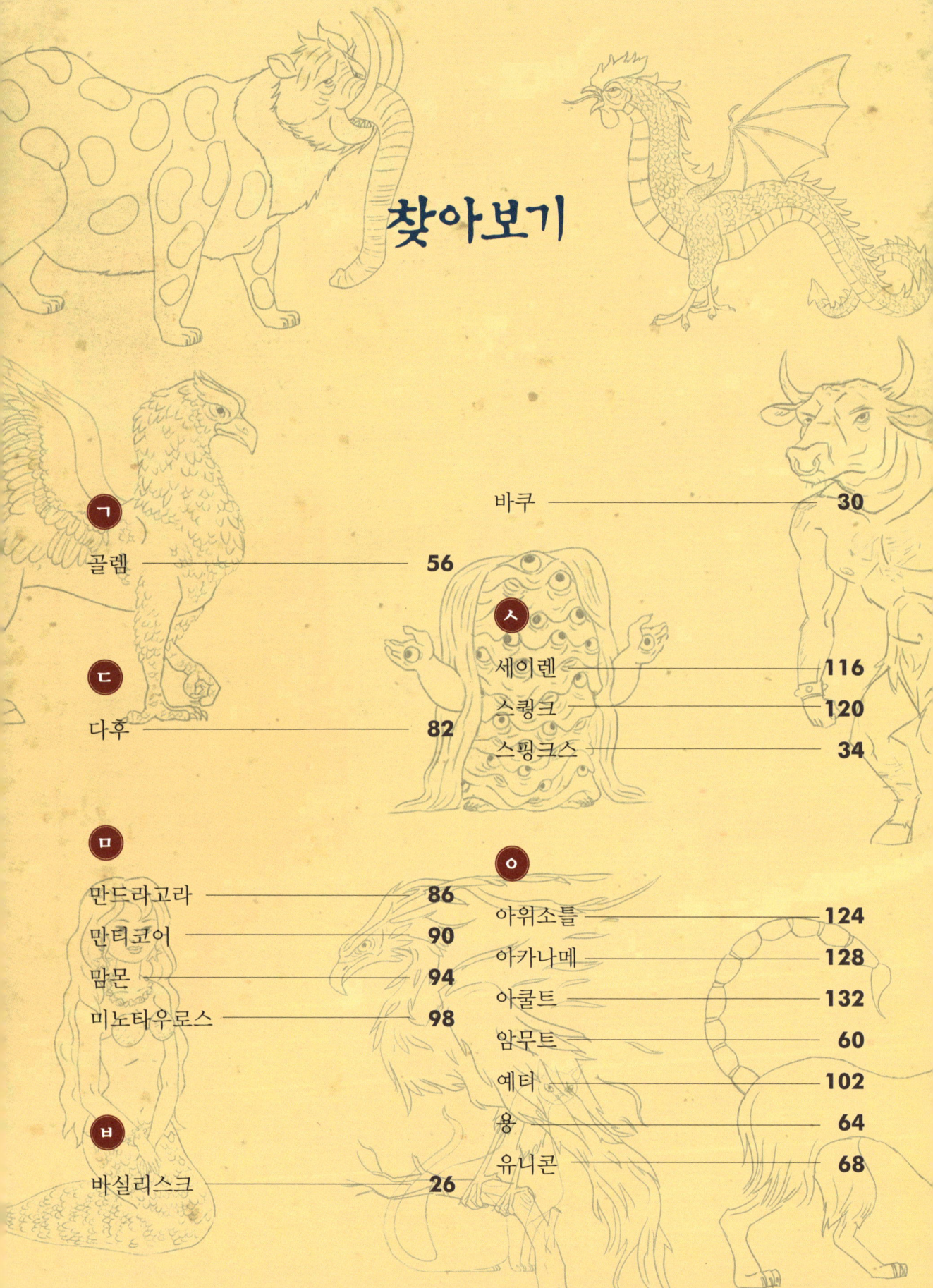

ㄱ
골렘 — 56

ㄷ
다후 — 82

ㅁ
만드라고라 — 86
만티코어 — 90
맘몬 — 94
미노타우로스 — 98

ㅂ
바실리스크 — 26

바쿠 — 30

ㅅ
세이렌 — 116
스퀑크 — 120
스핑크스 — 34

ㅇ
야위소틀 — 124
아카나메 — 128
아쿨트 — 132
암무트 — 60
에터 — 102
용 — 64
유니콘 — 68

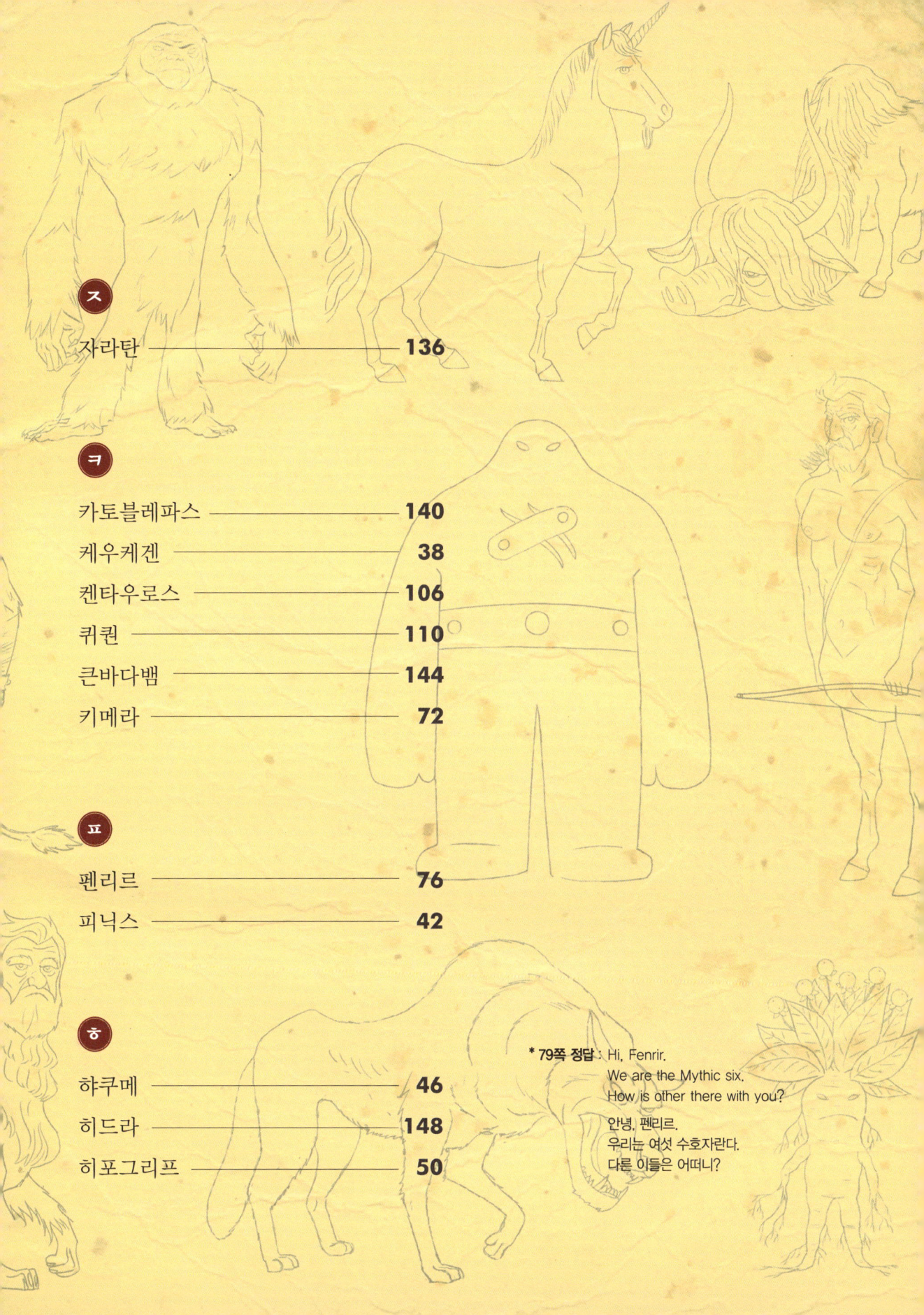

ㅈ
자라탄 —— **136**

ㅋ
카토블레파스 —— **140**
케우케겐 —— **38**
켄타우로스 —— **106**
퀴퀸 —— **110**
큰바다뱀 —— **144**
키메라 —— **72**

ㅍ
펜리르 —— **76**
피닉스 —— **42**

ㅎ
햐쿠메 —— **46**
히드라 —— **148**
히포그리프 —— **50**

* 79쪽 정답 : Hi, Fenrir.
We are the Mythic six.
How is other there with you?

안녕, 펜리르.
우리는 여섯 수호자란다.
다른 이들은 어떠니?

전설과 신화 속 몬스터를 찾아서
세계 환상 동물 도감

시몬 프라스카·사라 마르코니 지음 / 정희경 옮김

2020년 12월 16일 초판 발행 / 2024년 4월 11일 3쇄 발행

펴낸이 김기옥 ● **펴낸곳** 봄나무 ● **아동 본부장** 박재성
편집 한수정 ● **디자인** 블루 ● **영업** 김선주, 서지운 ● **제작** 김형식 ● **지원** 고광현, 임민진
등록 제313-2004-50호(2004년 2월 25일) ● **주소** 04037 서울시 마포구 양화로 11길 13(서교동, 강원빌딩 5층)
전화 02-325-6694 ● **팩스** 02-707-0198 ● **이메일** info@hansmedia.com

도서주문 한즈미디어(주)
주소_ 04037 서울시 마포구 양화로 11길 13(서교동, 강원빌딩 5층)
전화_ 02-707-0337 ● **팩스_** 02-707-0198

ISBN 979-11-5613-150-2 73900

● 이 책 내용의 일부 또는 전부를 사용하려면 반드시 저작권자와 봄나무 양측의 동의를 얻어야 합니다.
● 이 도서의 국립중앙도서관 출판예정도서목록(CIP)은 서지정보유통지원시스템 홈페이지(http://seoji.nl.go.kr)와 국가자료종합목록
  구축시스템(http://kolis-net.nl.go.kr)에서 이용하실 수 있습니다.(CIP제어번호 : 2020049181)
● 책값은 뒤표지에 나와 있습니다.
● 책에 나오는 환상 동물들과 지역들, 사물들의 이름은 익숙한 이름으로 표기하였습니다.